北京第二外国语学院 2023 年度学术著作出版经费资助
本书是教育部人文社会科学研究规划基金项目"企业经济利益与社会责任的融合机制研究：社会嵌入性与企业意志性的共同驱动"（20YJA630099）的阶段性研究成果

RESEARCH ON THE INTEGRATED
MECHANISM OF
CORPORATE ECONOMIC BENEFIT
AND SOCIAL RESPONSIBILITY

企业经济利益与社会责任的融合机制

周婷婷　马　芳　王舒婷　著

社会科学文献出版社
SOCIAL SCIENCES ACADEMIC PRESS (CHINA)

前　言

中共中央办公厅印发的《关于培育和践行社会主义核心价值观的意见》明确指出,"与人们生产生活和现实利益密切相关的具体政策措施,要注重经济行为和价值导向有机统一,经济效益和社会效益有机统一,实现市场经济和道德建设良性互动"。社会主义核心价值观对经济行为与价值导向有机统一的倡导为企业经济利益与社会责任的融合提供了价值依据,使得企业经济利益与社会责任的融合成为企业可持续发展战略的重要环节。

经济伦理(道德是经济的价值要素)与伦理经济(经济是道德的利益基础)具有知识合法性与现实合理性。企业是一种社会性存在,不仅是经济主体,同时也是道德主体,通过社会化建构开展社会活动,体现出企业社会属性与经济属性的并存。融合组织观认为,企业是能够实现经济属性与社会属性内在统一的经济组织。市场交易规则推动企业在遵纪守法的前提下,通过为社会提供有价值的产品或服务赚取利润,即通过"利他"实现"利己",在一定程度上推动了私利与公益的调和，将企业的私利行为引至社会的共同伦理道德。企业的道德主体身份作为客观事实，内化于社会文化中，构成社会公众对企业的一般期望。当企业违背道德责任时，企业的经济主体资格面临难以为继的风险。

企业道德是企业的具有社会意义的行为，具有自主的意志抉择特质。同时，企业道德远远不止于企业自身非理性的情感问题，而是在企业伦理观念、组织构架以及行为偏好的形成过程中，依赖法律制度环境、文化以及企业所处的社会网络，对各类社会契约进行的适时调整，反映出社会建构性与企业意志性的融合。道德经济价值的实现需要社会运行机制的完善与企业自身意愿的共同推动。

本书基于社会嵌入性与企业意志性视角，分析企业经济利益与社会责任融合的驱动机制，以期厘清企业管理层的远见卓识在《慈善法》颁布前后对企业经济利益与社会责任融合的影响效应，从地区道德文化与企业社会责任理念双维度阐释社会软实力对企业经济利益与社会责任融合的作用机理，构建社会责任网络、社会责任领导机构对企业经济利益与社会责任融合影响效应的关系框架，并构建企业经济利益与社会责任融合机制的政策建议体系。本书一共分为七章。

第一章，导论。梳理研究背景，介绍研究目标、研究内容、研究思路与研究方法，阐述本书研究内容的理论价值与实际应用价值。

第二章，理论基础与文献综述。阐释社会责任的内涵与外延，梳理社会嵌入理论与社会责任理论，刻画企业社会责任的履行动机，归纳企业履行社会责任的影响因素，分析企业经济利益与社会责任融合的理论与经验研究。

第三章，企业经济利益与社会责任融合的理论框架与分析。阐释企业经济利益与社会责任融合机制的理论框架，区分融合层次与融合规模两个维度，分别进行企业经济利益与社会责任融合程度的理论与数据分析。

第四章，企业经济利益与社会责任的融合机制研究：基于《慈善法》与管理层远见力的实证分析。选择《慈善法》颁布作为外生政策冲击事件，采用双重差分法开展准自然实验，探究管理层短视组（对照组）与管理层远见组（处理组）在《慈善法》实施前后，呈现出的企业经济利益与社会责任融合的差异。在此基础上，采集中央文明办等公布的全国文明城市数据，探究上市公司所在地是否为文明城市对《慈善法》、管理层远见力和企业经济利益与社会责任融合程度之间的关系所发挥的调节效应。

第五章，企业经济利益与社会责任的融合机制研究：基于地区道德文化与企业社会责任理念的实证分析。基于社会嵌入理论，从地区道德文化视角描述文化嵌入，以企业社会责任理念刻画企业意志，探究地区道德文化、企业社会责任理念对企业经济利益与社会责任融合的影响机理。在此基础上，基于地区交通事故数与百度指数大数据探究浮躁心态在地区道德文化、企业社会责任理念和企业经济利益与社会责任融合程度之间关系中发挥的调节效应。

第六章，企业经济利益与社会责任的融合机制研究：基于社会责任网络与社会责任领导机构的实证研究。采用 PSM-DID 模型分析企业加入社会责任网络前后，"有社会责任领导机构组"与"无社会责任领导机构组"在企业经济利益与社会责任融合方面的差异化表现。在此基础上，进一步实证探究地区关系文化在社会责任网络、社会责任领导机构和企业经济利益与社会责任的融合程度之间关系中发挥的调节效应。

第七章，结论与政策建议。总结结论，提出政策建议，并指出未来研究的方向。

本书的研究为私利与公益调和论、道德资本论、伦理回报论、社会文化准则论等增添了新的经验证据，在社会责任决策维度拓宽了社会嵌入理论的研究范畴，为企业软实力的影响效应理论增添了源自社会责任的实证支撑，对企业道德文化建设、社会责任网络构建以及监管机构的企业社会责任供给的底线决策等具有重要的借鉴意义。

目 录

第一章 导论 / 001

　　第一节　研究背景 / 001

　　第二节　理论与实际应用价值 / 004

　　第三节　研究目标与研究内容 / 005

　　第四节　研究思路与研究方法 / 010

第二章 理论基础与文献综述 / 013

　　第一节　理论基础 / 013

　　第二节　企业履行社会责任的动机与影响因素研究 / 024

　　第三节　企业经济利益与社会责任融合的理论与经验研究 / 040

第三章 企业经济利益与社会责任融合的理论框架与分析 / 064

　　第一节　企业经济利益与社会责任融合机制的理论框架 / 064

　　第二节　企业经济利益与社会责任融合层次的理论分析
　　　　　　与数据分析 / 066

　　第三节　企业经济利益与社会责任融合规模的理论
　　　　　　与数据分析 / 094

第四章　企业经济利益与社会责任的融合机制研究：基于《慈善法》
　　　　与管理层远见力的实证分析 / 098

　　　　第一节　引言 / 098
　　　　第二节　理论基础与研究假设 / 100
　　　　第三节　模型设计 / 105
　　　　第四节　实证分析 / 111
　　　　第五节　结论 / 118

第五章　企业经济利益与社会责任的融合机制研究：基于地区道德文化
　　　　与企业社会责任理念的实证分析 / 120

　　　　第一节　引言 / 120
　　　　第二节　理论基础与研究假设 / 122
　　　　第三节　模型设计 / 127
　　　　第四节　实证分析 / 133
　　　　第五节　结论 / 141

第六章　企业经济利益与社会责任的融合机制研究：基于社会责任网络
　　　　与社会责任领导机构的实证研究 / 143

　　　　第一节　引言 / 143
　　　　第二节　理论基础与研究假设 / 145
　　　　第三节　模型设计 / 152
　　　　第四节　回归分析 / 161
　　　　第五节　结论 / 177

第七章　结论与政策建议 / 179
　　　第一节　结论 / 179
　　　第二节　管理启示与政策建议 / 181
　　　第三节　研究不足与未来研究展望 / 183

参考文献 / 185

第一章
导论

第一节 研究背景

中共中央办公厅印发的《关于培育和践行社会主义核心价值观的意见》明确指出,"与人们生产生活和现实利益密切相关的具体政策措施,要注重经济行为和价值导向有机统一,经济效益和社会效益有机统一,实现市场经济和道德建设良性互动"。社会主义核心价值观是先进文化,具有交往理性、价值理性、实践理性三重理性向度(关雯文、吕立志,2016),能够激发经济主体的主动性与创造性,有助于克服市场经济的物质影响,为市场参与主体提供精神信仰(岳丽艳、王海传,2016)。社会主义核心价值观也是中国现代管理理论的战略性道德规范与社会准则,有利于发挥现代管理的配置功能,转换价值原则与规范,并将其传递为组织成员的共同信念(王毅武、高盈盈,2017)。社会主义核心价值观对经济行为与价值导向有机统一的倡导为企业经济利益与社会责任的融合提供了行为价值与目标价值的依据，使得企业经济利益与社会责任的有机融合再次进入公众视野，成为企业战略决策的有机组成部分。

经济伦理学将道德理论引入商业领域，人们已经开始意识到企业道德与经济利益融合的必要性。企业作为理性经济人具有追求自身经济利益最大化的特性，正如传统观点所认为的，企业的终极所有者是股东，企业应该把股东利益最大化作为效率标准，而股东利益最大化就等同于在强调企业应该以利润最大化为核心，从而导致企业必然会将经济利益放在最重要的位置（汤正华，2008）。然而，基于社会嵌入理论和利益相关者理论，除了经济属性之外，企业还具有社会属性。企业的产生、发展以及企业目标的实现都受益于社会良好的发展状态以及各种充足的物质保障（马燕，2003）。同时，企业的行为也会对社会产生正面或负面的影响。换句话说，企业的生产经营除了依赖于股东和债权人的资本支持外，还需要从社会网络中获取资源，所以企业在实现自身经济利益最大化的同时，还需要关注客户（消费者）、员工、供应商、社区等其他利益相关者的利益，以经济利益为基础，积极履行社会责任，从而更好地促进社会的和谐稳定与可持续发展（宋杰珍等，2016）。

然而，在企业社会责任的商业实践中，我国企业的道德现状在总体上并不乐观（王小锡，2013），体现在企业道德与企业经营的关系含糊不清、企业道德缺乏现象频发等问题上，并没有真正实现企业经济利益与社会责任的有机融合。

一方面，道德理念模糊的企业不在少数。企业对经济利益看重，容易使其将投入与经济效益紧紧联系在一起，而忽视承担社会责任，或是对社会责任产生误解。企业道德是经济活动的灵魂，经济活动因企业道德而具有精神内涵。但是，很多企业对道德的经济价值功能认识不清楚，在社会责任的履行方面存在积极性较差、长期性不足等问题。企业在履行社会责任时，较少去考虑经济利益与社会责任之间相辅相成的关系问题，也较少考虑企业的可持续发展问题。另一方面，尽管社会责任的法律环境日趋完善，但企业违背社会责任的现象屡禁不止，很多企业为了经济利益不惜置公众的生命健康于不顾。

从社会责任的理论与经验研究方面回顾，我们可以看到，企业社会责任的研究范畴较广，涉及管理学、财务学、经济学、伦理学等内容，已积累了大量规范与实证文献，为深入理解企业社会责任问题提供了丰富而翔实的证据支撑。然而，现有文献倾向于探究社会责任对企业经济价值的影响效应（Orlitzky et al.，2003；Porter and Kramer，2006），以及如何更好地推动企业履行社会责任（Xiang and Chen，2017；Gross and Roberts，2011），却较少涉及企业经济利益与社会价值的融合机制问题。现有的理论与经验研究还不足以指导企业更好地实现经济利益与社会价值的有机融合。企业经济利益与社会价值的融合机制研究亟待开展，以从理论层面为企业经济价值与社会价值的共同增长提供借鉴，实现经济基础与上层建筑之间的良性互动，切实将企业社会价值内化于心、固化于制、外化于行，实现企业经济利益与社会责任的真正融合。

第二节　理论与实际应用价值

一　理论价值

第一，企业经济利益与社会责任的融合层次、融合规模以及融合机制研究拓展了企业社会责任的理论内涵，基于经济利益的企业深层次社会责任决策推动机制的梳理为私利与公益调和论、道德资本论、伦理回报论、社会文化准则论等增添了新的经验证据。

第二，社会嵌入性与企业意志性共同驱动的企业经济利益与社会责任的融合机制研究，在社会责任决策维度丰富了社会嵌入理论的研究，为企业软实力的影响效应理论增添了源自社会责任的实证支撑。

二　实际应用价值

第一，在综合考量社会责任的层次边界、行善质量以及行善中的经济利益付出程度的基础上，企业经济利益与社会责任的融合研究将经济利益首次纳入社会责任质量的评价逻辑中，对于鼓励企业在合法追逐经济利益的同时，拿出更多经济利益脚踏实地从事慈善事业具有重要的引导意义。

第二，基于"企业社会责任嵌入社会客体情境"的概念模式，企业经济利益与社会责任的融合机制研究刻画了企业社会责任决策在社会客体情境中的演化博弈过程，对企业道德文化建设、社会责任网络构建以及监管机构的企业社会责任供给的底线决策等具有重要的借鉴意义。

第三节　研究目标与研究内容

一　研究目标

本书的研究目标是：基于社会嵌入性与企业意志性视角，分析企业经济利益与社会责任融合的驱动机制。具体有四个子目标：①厘清企业管理层的远见卓识在《慈善法》颁布前后对企业经济利益与社会责任融合的影响效应；②从地区道德文化与企业社会责任理念双维度阐释社会软实力对企业经济利益与社会责任融合的作用机理；③刻画社会责任网络、社会责任领导机构对企业经济利益与社会责任融合的影响效应的关系框架；④构建企业经济利益与社会责任融合的政策建议体系。

二　研究内容

立足于"企业社会责任嵌入社会客体情境"的概念模式，基于社会嵌入性与企业意志性的共同驱动视角，选择政治嵌入、文化嵌入与关系嵌入视角，探究企业经济利益与社会责任的融合机制，以期为企业在获取经济利益基础上更好地实现社会价值提供参考。本书的研究内容共分为七章，逻辑框架见图1-1。

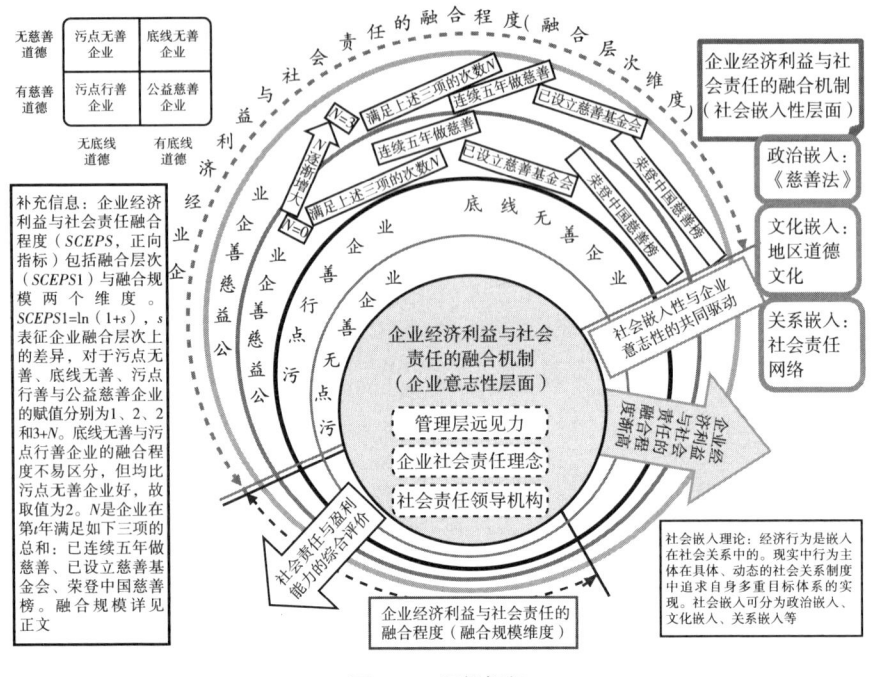

图 1-1 逻辑框架

第一章，导论。梳理研究背景，介绍研究目标、研究内容、研究思路与研究方法，阐述本书研究内容的理论价值与实际应用价值。

第二章，理论基础与文献综述。阐释社会责任的内涵与外延，梳理社会嵌入理论与社会责任理论，刻画企业社会责任的履行动机，归纳企业履行社会责任的影响因素。在此基础上，从"经济人"与"道德人"的争论入手，阐释企业的经济主体与道德主体地位。基于道德资本论、伦理回报论与社会文化准则论维度探讨私利与公益调和论，为企业经济利益与社会责任的有机融合提供理论基础。针对社会责任对经济利益的潜在负面影响，提出可能的原因以及解决路径，即通过企业经济利益与社会责任的有机融合实现社会责任对经济利益的提升效应。

第三章，企业经济利益与社会责任融合的理论框架与分析。阐释企业经济利益与社会责任融合机制的理论框架，区分融合层次与融合规模两个维度，分别进行企业经济利益与社会责任融合程度的理论与数据分析。企业经济利益与社会责任的融合规模（$SCEPS2$、$SCEPS3$、$SCEPS4$）度量企业赚取经济利益的同时承担社会责任的程度。企业经济利益用净资产收益率反映，企业社会责任采用和讯社会责任评级、华证ESG评级和润灵环球责任评级反映。以$SCEPS2$为例进行说明。$SCEPS2$为数值变量，利用企业和讯社会责任评级与净资产收益率的综合排名度量，以反映企业经济利益与社会责任的融合规模。$SCEPS2 = N2/N1 + N4/N3$，具体衡量方式如下：首先，将上市公司和讯社会责任评级总评分升序排列，每个上市公司的社会责任质量都按照名次除以公司总数进行赋值。比如，将所有上市公司（总数为$N1$）和讯社会责任评级总评分升序排列后，A公司排在第$N2$位，则A公司的社会责任质量赋值为$N2/N1$。其次，将上市公司的净资产收益率升序排列，每个上市公司获得的经济利益都按照名次除以公司总数进行赋值。比如，将所有上市公司（总数为$N3$）的净资产收益率升序排列后，A公司排在第$N4$位，则A公司的社会责任质量赋值为$N4/N3$。$SCEPS2$的数值越大，表明企业经济利益与社会责任的融合规模越大。

第四章，企业经济利益与社会责任的融合机制研究：基于《慈善法》与管理层远见力的实证分析。①《慈善法》、管理层远见力对企业经济利益与社会责任融合程度的影响效应。选择《慈善法》颁布作为外生政策冲击事件，基于文本分析法从公司年报管理层讨论与分析部分抽取"长期时间窗口"词语，用总词频占比衡量管理层远见力，采用双重差分法开展准自然实验，探究管理层短视组（对照组）与管理层远见组（处理组）在《慈善法》实施前后，呈现出的企业经济利益与社会责任融合的差异。②文明城市的差异效应检验。基于中央文明办等公布的全国文明城市数据，探究上市公司所在地是否为文明城市对《慈善法》、管理层远见力和企业经济利益与社会责任融合程度之间的关系所发挥的调节效应。

第五章，企业经济利益与社会责任的融合机制研究：基于地区道德文化与企业社会责任理念的实证分析。①地区道德文化、企业社会责任理念对企业经济利益与社会责任融合的影响效应。以中宣部等在中国文明网公布的全国道德模范、时代楷模、中国好人榜为基础，采用每年每个地区获得上述三项荣誉称号的累计总人数衡量地区道德文化。依据企业文化中是否提及慈善等理念度量企业社会责任理念，探究地区道德文化和企业经济利益与社会责任融合程度之间的关系是否会因企业社会责任理念呈现出差异性。②浮躁心态差异效应的检验。基于地区交通事故数（《中国统计年鉴》）与百度指数大数据（Python抓取的百度指数官网上的"浮躁"关键词的综合趋势日数据）度量社会浮躁心态，进一步探究浮躁心态在地区道德文化、企业社会责任理念和企业经济利益与社会责任融合程度之间关系中发挥的调节效应。

第六章，企业经济利益与社会责任的融合机制研究：基于社会责任网络与社会责任领导机构的实证研究。①社会责任网络、社会责任领导机构对企业经济利益与社会责任融合的影响效应。社会责任网络在本书特指企业加入的中国可持续发展工商理事会或全球契约中国网络。采用 PSM-DID 模型分析企业加入社会责任网络前后,"有社会责任领导机构组"与"无社会责任领导机构组"在企业经济利益与社会责任融合方面的差异化表现。②关系文化的差异效应检验。基于百度指数官网大数据,采用"走后门""潜规则""人脉""圈子"等关键词的整体趋势(日数据)的年均值度量地区关系文化,实证探究地区关系文化在社会责任网络、社会责任领导机构和企业经济利益与社会责任的融合程度之间关系中发挥的调节效应。

第七章,结论与政策建议。总结本书结论,基于理论推演与实证结果,构建四维政策建议体系:"政府"(慈善立法完善、底线社会责任监管等)、"文化"(道德文化建设等)、"区域"(文明城市建设、浮躁心态监测等)、"企业"(社会责任理念培育等)。

三 拟突破的重点与难点

(一)拟突破的重点

第一,企业经济利益与社会责任融合的理论与现实可行性分析。基于企业道德无关论、企业道德优越论、道德资本论等,充分比较企业经济利益导向、社会责任导向、经济利益与社会责任融合导向的理论基础与现实情境。在难以回避经济利益的前提下,鼓励企业在实现底线社会责任的基础上,利用更多经济利益积极承担社会责任,这是企业私利与公益调和的理性选择。企业行善并不排斥经济利益的合理追逐。

第二,社会嵌入与企业意志双维度下的企业经济利益与社会责任融合机制的实证研究。围绕社会嵌入理论,基于文本分析与实证分析方法，从政治嵌入（《慈善法》）、文化嵌入（地区道德文化）、关系嵌入（社会责任网络）视角切入，针对性选择企业社会责任决策意志变量（管理层远见力、企业社会责任理念、社会责任领导机构），实证探究企业经济利益与社会责任的融合机制。

（二）拟突破的难点

第一，社会责任层次与形式的多样性导致企业社会责任履行质量的测评困难，企业经济利益与社会责任的融合程度更是度量难点。本书基于企业社会责任边界与品质差异，强调低层次底线责任与高层次慈善责任，从融合层次与融合规模角度，实现企业经济利益与社会责任融合程度的界定与度量。

第二，管理层远见力、企业社会责任理念等变量的可观测性难题。本书使用基于机器学习方法的文本分析方法，利用公司网站、年报等披露的文本信息实现对上述关键回归变量的准确度量。

第四节 研究思路与研究方法

一 研究思路

基于研究目标与研究内容，本书沿着选题依据（理论基础）→实证检验→政策建议的思路展开分析（见图1-2）。

图 1-2 研究思路

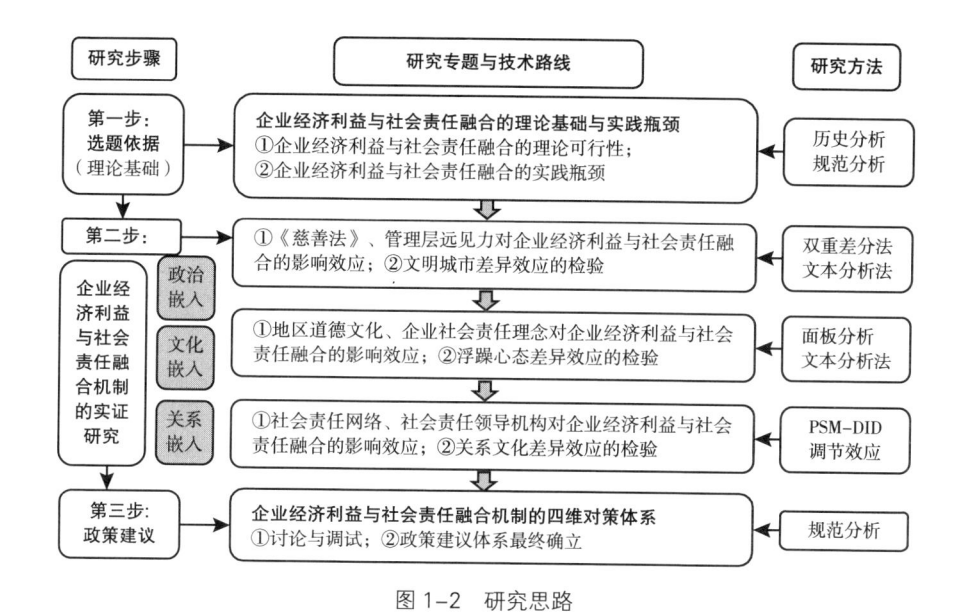

二 主要研究方法

（一）文本分析法度量管理层远见力等变量

利用文本分析法从公司年报中抓取文本数据，结合汉语语言学特性，历经 PDF 解析、数据清洗（段落处理、图片删除、页眉页脚删除等）、种子词提取、深度学习技术扩充相似词（基于海量文本语料训练，构建词语相似度计算模型，确定种子词的相似词词集以及相似度大小）、计算词频或句频、有效性检验等步骤，将总文本集的文字信息转换为可定量分析的结构化信息。

（二）双重差分法

双重差分法（Difference-in-Differences，DID），也称倍差法，用于政策效应评估，能够避免内生性问题，从而更加准确地估计政策效应。本书选择《慈善法》这一外生政策事件，探究《慈善法》颁布前后"管理层远见组"与"管理层短视组"在企业经济利益与社会责任融合方面的差异性。本书还选择企业加入社会责任网络这一事件，采用多期 DID 模型，探究社会责任网络对企业经济利益与社会责任融合的影响效应。

（三）倾向得分匹配法

倾向得分匹配（Propensity Score Matching，PSM），是使用非实验数据或观测数据进行干预效应分析的统计方法。个体通常会根据其参加某一事件的预期收益而选择是否参加该事件，存在选择性误差，导致对平均处理效应的估计存在偏误，很难获得净效果。倾向得分匹配使得控制组与处理组的可测变量取值尽可能相似，从而能够控制和消除选择性误差。本书采用倾向得分匹配法为加入社会责任网络的公司寻找匹配样本，然后分析社会责任网络对企业经济利益与社会责任融合的影响效应。

第二章
理论基础与文献综述

第一节 理论基础

一 社会责任的内涵

Sheldon 在 1924 年首次提出了"社会责任"概念,他认为,企业应该将社会责任与企业满足各种利益相关者需求的责任联系起来,并且认为道德因素应该包含在企业社会责任之内,企业履行社会责任有利于增加社区利益(刘俊海,1992)。但这一时期,企业仍追求利润最大化,基本不主动履行社会责任。美国"企业社会责任之父"Bowen(1953)首次明确定义了企业社会责任。他认为,企业社会责任是一种企业经理人从事符合社会目标或价值观的行动的义务。这一定义揭示了企业社会责任的基本特征,强调企业社会责任要符合社会的目标和价值观,企业的行为要超越企业自身的利益。在此基础之上,Davis

（1960）指出，商人社会责任是商人基于非直接经济性和技术性的目的而实施有利于社会的行为与决策。他认为，商人的社会责任必须与他们的社会权利相匹配，这就是他提出的相当有名的"责任的铁律"。Davis（1967）对社会责任的定义进行了重新阐述，他指出，社会责任是一系列为回应道德的要求和其他人的看法而做出的行为。

20世纪70年代，企业社会责任的定义开始多样化，也开始更加明确化。Davis和Blomstrom（1975）进一步明确了社会责任的定义，他们指出，社会责任是指决策者在为自身谋求利益的同时，有采取措施保护和增加社会整体利益的义务。Sethi（1975）强调，社会责任是企业为满足社会规范和价值观要求而做出的主动选择，并首次对企业行为进行了划分：一是社会义务（经济法律责任），指企业对市场力量或法律限制做出的回应；二是社会责任（自发性的道德行为），指企业为符合社会规范、价值观和公众期望而采取的行为；三是社会回应（适应社会变化的能力），指企业为适应社会需求而做出的预防性行为。在此基础之上，Carroll（1979）将社会责任分为经济责任、法律责任、道德责任和慈善责任。经济责任是指，企业因提供好的产品和服务而获利；法律责任是指，企业信守合约并遵守法律，这是企业必须履行的责任；道德责任是指，企业能够符合社会价值观，遵守社会道德规范；慈善责任是指，企业自愿满足社会对企业的更高期待（赵德志，2015）。该概念至今仍广为使用。

20世纪90年代后，企业组织类型和特点都发生了很大的变化，学者们也针对社会责任提出了不同的观点。Lantos（2001）认为，企业社会责任首先应该是自愿的，并提出了由道德性责任、慈善性责任和战略性责任组成的企业社会责任"三分类"模型。Schwartz

和 Carroll（2003）的研究指出，绝大部分社会责任是相互独立的，没有任何一个层次的社会责任在企业社会责任概念中的作用是最基本的或是最重要的，基于此，他们提出了一个新的社会责任模型。这一模型得到了企业主和公司经理等实践者的广泛认同，企业主和公司经理认为这一模型促使他们可以根据组织资源状况和组织价值观自行履行他们所认为的最具有意义的社会责任（董进才、黄玮，2011）。Jamali（2007）在前人研究的基础上，提出了企业社会责任"3+2模型"，将企业社会责任分为强制性的社会责任（经济责任、法律责任、道德责任）和自愿性的社会责任（自由决定的策略性责任、自由决定的慈善性责任）。

社会责任在国际上一直没有一个公认的标准。欧盟委员会把社会责任定义为，公司在自愿基础上把对社会和环境的关注整合到企业的经营活动中，并与企业的利益相关者进行互动和交流的一系列企业活动（田虹、姜雨峰，2014）。世界银行认为，企业社会责任是企业与关键利益相关者在价值观、关系、尊重社区相关政策等方面的集合，并定义企业的社会责任是企业为改善利益相关者的生活质量而贡献于可持续发展的一种承诺（胡宁生，2014）。

综上所述，企业社会责任的基本要素除了包含股东利益之外，还需要包含客户、供应商、员工以及可持续性发展，不破坏环境，关注企业与所处环境的关系，重视企业在非商业层面的社会贡献。

二　社会嵌入理论

社会嵌入理论源自 Polanyi（1944）提出的嵌入概念，认为经济主体（个人、企业）的经济行为受到社会关系和社会结构的影响，即存在关系嵌入与结构嵌入（Granovetter and Swedberg，1992）。关系嵌入指经济主体的经济行为嵌入与其互动所形成的关系网络中，而结构嵌入指经济主体的经济行为嵌入其所在的社会网络中，并受到社会结构的影响。换言之，关系嵌入立足于刻画人际社会二元关系的结构和特征，强调二元关系的强弱与质量；而结构嵌入是对网络行动者间联系的多层次结构的总体描述，既关注网络的整体结构与功能，也关注行动者在网络中的位置，研究重点为企业的行为与绩效是如何受网络的密度、企业在网络中的位置的影响的（赵辉、田志龙，2014）。行为主体之间的网络密度越大，说明网络结构越紧密，越有利于促进行为主体之间的直接联系，提高信息沟通效率，从而更容易形成共同的行为模式，促进行为主体间的信任和资源共享（Hansen et al.，2001）。企业在网络中的位置主要通过中心度和结构洞来度量：中心度越高，表明企业越靠近网络的核心位置，企业在网络中的地位也就越重要（罗家德，2010），从而越容易获得信息与互补性资源（钱锡红等，2010）；企业在网络中拥有无直接联系的个体的数量越多，说明企业在信息传递网络中的位置越有优势，越具有保持和控制信息的优势（Burt，1992）。

Zukin和Dimaggio（1990）进一步将嵌入划分为政治嵌入、文化嵌入、结构嵌入和认知嵌入。政治嵌入指外部制度框架与权力斗争等，如政治、法律制度对经济行为的影响；文化嵌入指外部共享的集体理解（如组织价值观、规范等）会影响理性的经济行为主体制定经济战略和目标；结构嵌入主要是指经济活动受到来自物质交换关系的性质和网络结构的影响；认知嵌入是指行为主体原有思想意识对其进行理性计算的限制。Hess（2004）从嵌入层次方面提出，社会嵌入（社会背景，如文化环境、制度环境）、网络嵌入（关系结构）、空间嵌入（区域位置）是嵌入的三个主要维度，即经济主体的经济行为受到社会背景、关系结构与区域位置的影响。其中，社会嵌入描述了政府主导下的制度环境对经济主体的影响；网络嵌入刻画了个体关系网络以及社会网络整体（包括广泛的机构网络，如政府、非政府组织等）对经济主体行为产生的影响；空间嵌入主要阐述的是地理空间方面的影响效应。

随着经济的发展和社会的变迁，企业社会责任的战略意义日益凸显。短期来看，企业承担社会责任会提高企业成本，让企业处于劣势地位。但是，从长期来看，企业承担社会责任既提升了企业社会形象，优化了企业与利益相关者的关系，还提高了企业的核心竞争力，并最终对企业的长期绩效产生了积极影响（姜秀珍、金思宇，2008）。但正如Granovetter（1985）所言，经济主体（个人、企业）的经济行为既不能完全不受社会影响，也不能完全由社会情景决定，而常常是介于两者之间的。也就是说，企业在承担社会责任的过程中需要嵌入一定的社会网络，各项活动也都会嵌入行为实施的政治、社会、经济情景中去。因此，基于社会嵌入理论，企业社会责任主要受到社会嵌入和关系嵌入方面的影响。

（一）社会嵌入

我国企业在社会责任承担方面还存在不足，在一定程度上反映出道德监管的缺失、法规的执法不严和执行不到位等问题，也反映出企业内部存在的公司治理、利益冲突等问题。基于制度理论，企业的行为受到外部制度环境的影响,而制度环境主要包括规制、规范和文化三个方面(Scott,2001)。正如Campbell(2007)所分析的,企业承担社会责任的动因主要来源于制度环境压力、社会规范和期望。基于社会嵌入理论,理性经济个体在经济活动中的决策虽然存在机会主义,依赖于私利性考虑,但更多的是要遵从所处的社会文化环境以及行为规范(格兰诺维特,2004)。而且,社会责任本身也是一种制度安排,属于"正式制度安排和非正式制度安排的统一体"(李心合,2009)。

正式制度由用明确条文表达的一系列政策、规则、条例、法规等组成。企业社会责任正式制度清晰界定了企业在社会责任方面该做什么和不该做什么,即使是处在不同的文化环境中,其所约束的群体也必须严格遵守。我国从2006年开始就通过《公司法》《劳动合同法》《环境与资源保护法》《公益事业捐赠法》等正式制度安排来约束企业社会责任。我国从2008年开始大规模实施SA8000标准,并在特定行业实施具有行业特点的社会责任标准(辛杰,2014b)。正式制度依靠国家机关、权威机构的强制力量来实施,因此企业社会责任政策能够有效地制约、纠正企业为追求经济利益最大化而损害社会效益和环境效益的行为,从而促使企业承担社会责任(马连福等,2012)。而且,随着法律制度的完善,企业社会责任制度的改革与加强,由社会所构建的社会责任价值观体系会更加严格(崔秀梅、刘静,2009),从而有助于抑制经理人的机会主义行为,最终促进企业社会责任的履行。

中国经济发展和经济体制改革是在党的领导下进行的,所以党组织嵌入作为一种正式制度,能够对微观组织形成监督,对外衔接政策法规，对内缓解利益冲突、形成社会责任文化、加强公司治理，进而影响企业社会责任的履行（黄文锋等，2017）。于连超等（2019）的研究发现，党组织嵌入能够显著地提高企业社会责任水平。相对于企业而言，主动嵌入正式制度有利于企业获得正式的行政认可以及政策性保护等资源，而且通过承担社会责任来回馈社会，也有利于获取关键利益相关者的信任，同时利益的分享也有助于企业融入社会普遍的共同理解和行动中，使企业行为被既有环境中的认知和规范逻辑所接受（包英群等，2017）。

非正式制度是指人们在经济、社会生活的长期实践中形成的对经济主体行为产生非正式约束的规则或非正式网络，也就是说，非正式制度是通过道德约束力来影响企业的行为，即通过价值观来影响企业承担社会责任（辛杰，2014a）。具体而言，企业作为交易主体的经济人具有追求效用最大化、机会主义行为的愿景，但是企业不仅要承担对所有者、股东的责任，还需要承担对消费者、供应商、社区、员工等其他利益相关者的责任，所以，基于减少企业与利益相关者之间的摩擦与冲突、节约交易成本、增强经营效能，企业或政府形成了企业社会责任非正式制度。相对于正式制度而言，非正式制度更多的是通过社会文化环境、历史传统和价值习俗等对企业形成隐性约束。换言之，非正式制度正是通过规范社会文化环境和价值结构，潜移默化地影响企业家的行为认知，在一定程度上影响以及约束企业家的社会行为决策，从而减弱他们的机会主义倾向（陈仕华、李维安，2011）。相对于企业"被动式"嵌入而言，一方面，企业主动嵌入非正式制度有利于自身寻找被官方以及正式制度认可的身份归属，从而可以增强关键利益相关者对其的认可；另一方面，企业可以利用一些非政府组织或协会的资源，提高单个企业的地位，从而在一定程度上影响监管组织的行政决策（包英群等，2017）。

（二）关系嵌入

企业具有社会属性，任何企业都不是一个孤立的利益群体，而是一个由利益相关者构成的契约共同体（李德，2018）。这也就决定了企业需要嵌入特定的社会网络中开展各项活动（Granovetter，1985），企业必须同其所处的社会环境相互联系，及时对社会环境变化做出反应，以及积极参加社会治理等活动。企业处在某种社会网络中，一方面企业行为会受到关系嵌入的影响，这是由于社会网络中的不同个体拥有不同的资产、知识、信息、经验和信誉（Halinen and Törnroos，1998），企业为了某种经济活动就会动用这些资源，因此企业的行为会受到参与者行为的影响，从而网络个体之间会形成一种监督力量；另一方面企业行为会受到结构嵌入的影响，企业嵌入的社会网络规模越大，企业可获得的资源也就越多，同时企业受到的约束与监督也会相应增强，企业嵌入的网络密度越大，网络中个体的联结作用也就越强，企业源自网络其他成员的约束和监督力量也越大，从而督促企业采取负责任的行为，遵从行为规范、强化互惠意识与合作理念（付景涛、林肇宏，2015）。

社会责任实质上是企业在追求利润的同时，为维护消费者、债权人、供应商、环境等其他利益相关者权益做出的尽责行为。关系嵌入与结构嵌入促进了企业与利益相关者之间的互动，有利于信息的有效传递，从而最大限度地改善了组织间的信息不对称情况，有效提升了利益相关者的监督与治理能力，使得消费者、政府、供应商等利益相关者对企业运营行为的有效监督成为可能（张强，2018）。利益相关者监督能力的提升，在一定程度上可以防止企业过度追求经济利益而忽视履行社会责任或社会责任履行不足的问题（李德，2018）。

三 社会责任理论

企业作为一个经济组织，追求经济利益最大化是其终极目标。但企业在追求经济目标的过程中，可能会引发资源枯竭、环境污染、生产条件恶化以及侵害某些利益群体的利益等社会问题。迫于社会强烈的呼吁，企业开始通过承担社会责任来解决社会问题。伴随着企业通过承担社会责任来消除社会问题，企业社会责任理论也得到了进一步的传播、完善和发展。目前，企业社会责任理论已经形成了一个由三个层次组合而成的比较完整的思想理论体系。

第一个层次是利益相关者理论，其是社会责任理论的核心理论。Wood 于 1991 年突破了股东利益至上的传统观点，成为第一个将利益相关者理论正式纳入企业社会责任的理论研究的美国学者，从利益相关者角度指明了企业社会责任管理的对象以及企业应该对除股东之外的利益相关者承担的相关责任（张哲，2015）。利益相关者理论认为，企业的目标不仅仅是股东利益最大化，企业关注的权利主体也不仅仅是股东，还应该有债权人、企业员工、供应商、消费者、政府、媒体以及社会普通大众，他们都可以分享企业的发展成果、参与企业的经营决策、了解企业的运营方式。利益相关者理论表明，企业社会责任存在多元化的对象，在面向不同的责任对象时，企业社会责任也会体现出不同的内涵和要求（孙鲁毅、刘威，2016）。企业家承担社会责任的动力取决于企业内部和外部两种力量：一是外部压力，即各利益相关者的需要和对企业的强烈诉求；二是企业内部的压力，即企业本身追求利益最大化的特性（刘敏，2012）。利益相关者理论奠定了企业社会责任理论的基础，企业社会责任的含义、范围和需求主体取决于利益相关者的利益期望和权力影响。

第二个层次是基本理论。一是社会契约理论，该理论认为，企业与社会之间具有契约关系，企业既可以享受"契约"中规定的权利，也需要承担相应的义务。社会契约理论是一个非常抽象的概念，暗含着企业必须符合社会的期望。也就是说，在企业社会责任的基础上，社会契约理论强调了企业对社会需要履行的义务。社会契约理论为理解企业的社会责任行为提供了一个分析框架，在这个框架中，企业通过与社会建立契约而获得合法性，这一系列契约也就规定了企业需要承担的社会责任（章辉美、李绍元，2009）。由于企业社会责任是被一系列的关系契约所规定的，所以企业社会责任就可以通过默认的协议即社会契约来解释，而不必再局限于高度概括的声明（李淑英，2007）。二是工具理论，该理论认为，企业在法律和伦理框架下所承担的社会责任，是企业增强竞争优势、扩大销售、实现股东财富最大化的战略工具，而不是企业的负担（杨自业，2009）。这表明，工具理论将履行社会责任视为企业追求利润最大化的一种策略，认为企业社会绩效与经济绩效的关系理应是正向的（陈煦江，2010）。三是可持续发展理论，该理论认为，企业在追求经济利益最大化的过程中，要以社会责任为出发点，贯彻经济和伦理相协调的原则，遵循创新、环保和高效率的原则使用资源，不断创造利润，尽可能地满足企业利益相关者的合理需求，从而实现企业与社会的永久和谐与可持续发展（唐海滨、刘敏，2012）。

第三个层次是相关理论，主要包括社会响应理论、社会期待理论、层次责任理论、企业生命周期理论等。社会响应理论将企业视为整体社会环境的一个有机组成部分，认为企业的行为需要满足社会的某些期望，而且随着社会期望的变化，企业的行为也要相应做出调整，即企业对变化中的社会期望做出动态与积极的回应（李新颖，2014）。社会期待理论认为，由于企业社会责任是社会对企业的一种期待，所以企业必须对社会期待予以积极回应，以求更好地生存与发展（高汉祥，2012）。层次责任理论认为，完整的企业社会责任应该包含经济责任、法律责任、伦理责任和自由决定的责任，其中经济责任是指企业必须负有的生产、盈利和满足消费者需求的责任（Carroll，1991）。企业生命周期理论是根据企业所处的生命周期阶段来判定企业应该履行的社会责任，并进一步定义企业社会责任的递进阶段，从而分析不同级别的责任表现与特征（朱永明，2009）。

在社会责任理论体系中，第一个层次的理论起着主导作用，居于核心地位；第二个层次的理论发挥的是中介作用；第三个层次的理论既是核心理论的客观反映，也是支撑社会责任理论的实践基础（唐海滨、刘敏，2012）。这三个层次的理论之间有机组合与良性互动，为企业社会责任理论体系的完整性和生命力提供了保证。

第二节 企业履行社会责任的动机与影响因素研究

回顾已有的文献,学者们已从多方位、多维度阐述了企业履行社会责任的动因,总体上可归为三类:利己主义、利他主义和合法性。而企业社会责任履行的影响因素可分为两类:一类是企业外部环境因素,另一类是企业自身因素。

一 动机研究

(一)利己主义

利己主义是指将个人利益放在第一位,关注自身的行为是否能够带来最大的收益。任何商业活动的本质都是交换,利己主义强调利益交换。Barnea 和 Rubin(2010)、Du(2015)的研究指出,企业履行社会责任可能是出于机会主义动机或橱窗效应动机,这意味着企业管理者会更希望通过选用灵活度高、执行成本低的社会责任项目来达到掩饰或模糊其实施机会主义行为的目的。

李钻等(2017)的研究认为,企业管理层的机会主义行为构成了企业履行社会责任的动机,企业社会责任的表现与盈余管理行为之间存在显著的正相关关系。陈国辉等(2018)探讨了社会责任在应规和自愿披露方式下对盈余管理的抑制作用,研究发现,自愿披露方式下企业社会责任的抑制范围更广,自愿披露社会责任报告的企业是出于伦理动机履行社会责任。已有研究表明,企业履行社责任在一定程度上通过提高组织形象、获得良好声誉等来转移利益相关者的关注点，其实企业的社会责任行为具备管理层机会主义行为的特征（朱敏等，2014），表现出盈余管理水平的提高（Salewski and Zülch，2013）。

王新等（2015）以上市公司数据为样本，研究了企业社会责任对经理人薪酬机制的影响，研究发现，社会责任可能会给国有企业经理人带来负面的影响，民营企业履行社会责任更可能是出于战略性目的。戴亦一等（2014）从企业产权性质、新任官员来源和地区市场化程度三个维度，考察了地方政府换届（市委书记更替）对企业慈善捐赠行为的影响，研究发现，政府换届之后的慈善捐赠确实能为民营企业带来融资便利、政府补助和投资机会等方面的经济实惠，因此他们认为民营企业承担社会责任能维系政企关系。Platonova等（2018）的研究发现，企业社会责任与企业财务绩效存在正相关关系，也就是说，企业社会责任能显著提高企业的经济收益，而企业为了提高自身的经济收益，在赚钱的激励下会提升社会责任水平。而且，已有研究发现，相对于社会倡议而言，企业自主承担更多的社会责任对企业财务绩效起到更加积极的正向影响（Price and Sun，2017）。

在行业竞争日趋激烈的环境中，企业捐赠能产生更强的声誉效应（Zhang et al.，2010）。在灾害发生时，企业更有动机通过捐赠增加消费者与产品接触的可能性，使消费者增进对产品的认识和了解，为企业的品牌做正面的宣传和积极的推广（山立威等，2008）。此外，企业积极主动地进行社会捐赠，可以改善企业所处的经营环境和社会关系，进而增强企业维持政企关系以及从政府获取资源的优势和能力。Fombrun 等（2000）的研究表明，社会捐赠对企业的社会资本关系具有积极作用。当企业赖以生存的外部环境发生重大变化时，企业从外部获取关键性资源的难易程度也会随之发生变化。为了降低外部环境变化带来的不确定性，企业管理者常常通过交换的方式获得重要利益相关者手中关键的外部资源，以降低外部环境变化带来的不利影响（Ulrich and Barney，1984）。

除了经济激励、政企关系、声誉效应等，企业主动履行社会责任可能是因为企业有改善内部公司治理的需求。已有研究指出，企业社会责任信息披露对企业的信息影响效应主要分为两个方面：一方面，较好的企业社会责任履行反映出企业拥有更高的文化涵养和道德标准；另一方面，企业披露社会责任履行的信息，有利于减少管理层隐瞒坏消息的利益动机，即减少企业管理层的机会主义行为，同时也会提高企业内部治理的透明度（Gelb and Strawser，2001）。而且，企业社会责任的履行也需要制度环境作保障，制度环境的缺失会导致企业社会责任形同虚设（易冰娜、韩庆兰，2012）。换句话说，一方面企业履行社会责任会受到外部的法律制度约束，另一方面良好的社会责任履行更需要公司治理的内部氛围激励，良好的公司治理对其履行社会责任的影响效应更加明显。例如，部分企业的公司治理比较低效，决策成本也较高，那么其社会责任履行质量也会相应较低。Hu 等（2018）的研究发现，企业的公司治理水平提升能够显著地促进企业履行社会责任。

肖海林和薛琼（2014）探讨了公司治理、企业社会责任和企业绩效在不完善市场环境下的关系，研究表明，公司治理水平的提高对企业社会责任的表现产生积极的影响，即有效的公司治理能够促进企业承担社会责任。而且,企业社会责任在有效公司治理模式下对企业经济利益产生了积极的影响。此外,较完善的公司治理机制能够有效约束代理人的机会主义行为,避免企业管理者为了自身利益而消极履行社会责任(赵天骄等,2018)。进一步讲,内部控制是公司治理的制度基础,将公司治理的权力配置和制衡落到实处依靠的就是内部控制,因此,内部控制可以在制度方面为社会责任投入资源的决策提供保障,正向促进企业社会责任的价值创造过程,并且为社会责任决策的价值导向提供保障(李志斌等,2020)。

(二)利他主义

利他主义是指把社会利益放在首位,在个人利益和社会利益发生冲突时,为了社会和他人的利益而牺牲个人利益的生活态度和行为原则。利他主义理论认为,企业具有较强的公民意识和较高的道德修养,致力于促进社会福利最大化,并认为,企业家的个人道德修养或企业内部所形成的伦理文化可以决定企业的行为,包括企业是否履行社会责任(Bansal and Hunter,2003)。作为道德主体的企业,积极履行社会责任,服务于社区,意在增进社会福利,同时合理利用社会资源,为创建稳定和谐的社会做出贡献(李国平、韦晓茜,2014)。其中,捐赠属于较高道德层次的社会责任。我国各种自然灾害时有发生、社会福利保障体系尚不健全、某些偏远农村地区尤其是在基础教育方面还需捐助,民营企业热衷于运用社会责任中的捐赠服务于政府和社会的福利项目(李姝、谢晓嫣,2014)。Gu 和 Chris(2011)基于中国酒店行业高管的问卷调查,研究发现,管理层对酒店企业社会责任的态度与管理者的伦理道德之间有着密不可分的关系。

消费者感知到的企业社会责任履行度越高，越有助于其对企业的正面归因，即认为企业履行社会责任行为是出于价值动机，企业社会责任行为的利他归因对消费者的企业态度和产品感知质量具有正向影响，并进一步影响消费者对产品的态度和购买意愿（卢东等，2010；卢东、Samart Powpaka，2010）。Brown 和 Dacin（1997）的研究表明，消费者对企业的评价会正向影响企业产品的评价。也就是说，消费者越认可企业的行为，就越有购买企业产品的意愿。Mohr 和 Webb（2005）的研究也证明了这一观点，即企业履行社会责任的表现越好，企业获得的评价越高，消费者的购买意愿也相应较高。

组织污名是社会大众感知到的组织负面形象，这种负面形象对组织具有深远的消极影响。在企业陷入丑闻或危机情境下，企业社会责任行为对组织既可能产生积极影响，也可能产生消极效应，此时利他归因起到关键性的作用。当外部利益相关者对企业社会责任行为的利他归因较大时，其会做出积极响应，反之则会做出消极响应（吴华等，2018）。基于信号传递理论，声誉能够有效地监督企业的社会责任行为，社会责任履行表现良好的企业能够获得社会对企业的认可，但对社会责任存在机会主义行为的企业最终会被声誉这只"隐形的眼"看穿，从而被市场驱逐出去（李四海、宋献中，2018）。声誉是企业非常重要的一项无形资产。基于声誉机制，企业会通过履行社会责任并自愿披露社会责任信息的形式，主动减少操纵企业盈余的机会主义行为，从而避免企业的声誉资本受损（黄荷暑、周泽将，2017）。

（三）合法性

合法性动机认为，企业履行社会责任有利于企业获得各利益相关者所赋予的道德资本（贾兴平等，2016）。企业正当生存和保持合法性的重要依据之一就是履行社会责任（王少杰，2014）。合法性动机主要是基于制度理论的解释。North（1990）和 Scott（1995）认为，制度作为社会活动的准则，包括正式制度和非正式制度，是提供支持社会行为意识的认知、规范和管制的结构和行为的总称。依据制度理论，企业的行为活动及战略选择往往会受到外部环境压力的限制，同时企业为了获取合法性地位必须对外部的关注及时做出回应（Meyer and Scott，1983；Oliver，1991）。企业的生存和发展离不开所处的社会，必然会受制度环境的制约和影响。Hadjikhani 等（2016）发现，企业履行社会责任能降低因制度产生的环境不确定性。契合外部环境对企业履行社会责任的期望是企业获得合法性地位的关键（徐细雄、李摇琴，2018）。因此，当外界对企业承担社会责任较为关注时，企业可能会采取积极的措施回应外部环境的需求和期望，比如进行社会捐赠。企业进行捐赠可能不是出于自愿，仅仅是外部环境的要求（Oliver，1991）。企业的捐赠活动能够有效缓解政府的财政压力，是企业获得政治合法性的重要途径（Wang and Qian，2011）。企业的慈善活动有利于企业与外部环境保持和谐关系，进而促进企业的长远发展（Korten，1996；Wood and Logsdon，2002）。

基于合法性动机，高价值企业有强烈意愿披露企业社会责任报告，而且更倾向于披露高质量的企业社会责任报告，意在通过提高企业透明度来维持其合法地位（王群等，2020）。试想，如果一个积极履行社会责任的企业都无法取得合法性的地位，权益得不到法律法规的支持，无法获得应有的社会资本效应，那么很可能会出现"劣币驱逐良币"的现象，即在一定程度上间接鼓励企业无视社会责任，结果使得企业社会责任履行水平整体出现下降（周中胜等，2012）。

同时，社会责任也在企业国际化的过程中发挥了重要作用。Attig等（2016）发现，在跨国经营时，企业通过实施社会责任计划获取了有价值的外部资源，减少了外来者劣势，有利于获得社会合法性地位。企业披露社会责任报告的重要动力是，减少社会公众对企业合法性地位的质疑（Cho et al.，2008）。跨国并购是企业国际化的一种方式，跨国并购涉及主并公司所在国（母国）和被并购公司所在国（东道国）两个国家。母国通过立法的形式督促跨国企业在海外合法经营以及积极履行社会责任（刘志云，2020），一方面是为了符合相关国际法律规定，另一方面是为了尽可能地使跨国企业在东道国尽快获得合法性地位，降低跨国企业在东道国所需要面对的人权、商业运作、劳工、环境、竞争等方面的风险。国际化董事会可以发挥监督作用，减少企业的机会主义行为，国际化董事在制定和实施企业战略的过程中也会督促企业履行更多的社会责任，从而使企业的经营行为更加规范，更加符合合法性的相关要求（谭雪、杜兴强，2015）。

二 影响因素研究

（一）企业外部环境因素对企业履行社会责任的影响

制度是影响企业履行社会责任的重要因素。制度理论认为，外部的制度环境因素会影响组织行为。外部的制度包括法律法规等在内的正式制度和道德文化、社会舆论压力、社会信任、传统规范和习俗等在内的非正式制度。Gardberg和Fombrun（2006）的研究就认为，企业履行社会责任的主要影响因素来源于制度环境压力、社会规范和期望。背景依赖理论认为，企业感知的环境压力越大，企业承担社会责任的积极性越高（Delmas and Toffel，2008）。这种压力可能来源于市场制度和非市场制度（沈铭辉、张中元，2016），如消费者、投资者、新闻媒体、非政府组织、政府和竞争者的压力等。

Simnett等（2009）认为，影响企业社会责任履行和进行社会责任鉴证活动的重要因素是正式制度，包括国家独特的制度、法律和执行机制等。法律能够对企业的行为有所约束和规范，若法律不紧不严，则企业履行社会责任的积极性就会减弱。正式制度强调通过政府经济政策的制定和法律法规的颁布实施等强制措施来督促企业履行社会责任，进而对企业非社会责任行为形成一种约束。周中胜等（2012）指出，在政府经济干预程度低、法律环境完善、要素市场发达的地区，企业的社会责任履行水平更高。反腐败对企业社会责任绩效具有显著的正向影响（李追阳，2018）。刘春济和高静（2019）的研究发现，省域内企业的接近中心度与密度越高，企业的社会责任履行水平越高。

市场竞争强度对企业履行社会责任也会产生影响。贾兴平和刘益（2014）的研究发现，市场竞争强度与企业履行社会责任呈现出显著的倒"U"形关系。随着竞争程度的提高，为了赢得股东的支持、合作伙伴的承诺和消费者的忠诚等，企业会积极履行社会责任。当行业竞争强度达到某一临界值时，行业中出现了大量的恶性竞争，企业为了规避风险，保证正常竞争，就会选择消极或被动地履行社会责任。也有研究发现，当市场竞争激烈时，承担社会责任将削弱企业的竞争力，所以市场竞争会迫使企业减少对社会责任的投资（周浩、汤丽荣，2015）。此外，市场竞争强度与企业社会责任行为的寻租呈现显著的正相关关系，这是因为企业为了在残酷的市场竞争中胜出，会使用各种竞争策略，包括生产性策略（如提高产品竞争力等）和非生产性策略（如政治寻租等）。也就是说，随着市场竞争程度的提高，企业社会责任行为的寻租倾向变强，企业付出的寻租成本可能也会相应提高（李四海等，2015）。

市场化进程能够显著影响企业的社会责任行为。随着市场化水平的提高，交易成本和信息不对称水平呈现下降态势；由于较低的交易成本和信息不对称水平可以对企业的非社会责任行为形成约束，从而对企业的社会责任行为产生激励作用（Xiang and Chen，2017），所以市场化水平的提高可以通过外部治理机制来提高企业承担社会责任的积极性（许英杰等，2018）。张蕊和蒋煦涵（2019）的研究也指出，一方面，市场化程度越高，经济发展自然越好，公众的社会责任意识也越强，从而企业也就更愿意披露社会责任信息；另一方面，随着市场化程度的提高，法制化水平也会相应提高，促使外界对企业的监管更加严格，从而也会使企业提高社会责任信息披露水平。崔秀梅和刘静（2009）的研究认为，企业所处地域的市场化程度越高，企业越积极主动承担更多的社会责任。彭珏和陈红强（2015）从内部控制和市场化进程两个维度实证检验了市场化程度对上市公司社会责任履行水平的影响，研究结果表明，市场化程度与上市公司社会责任的履行呈现显著的正相关关系，而且在市场化程度较高的地区,内部控制对企业社会责任履行的促进作用更强。

正式制度的有限约束和较低的违规成本对企业可能无法形成刚性的约束(黎友焕、王凯,2010)。而且,社会责任的正式制度也无法涵盖所有企业社会责任问题。社会嵌入理论认为,企业的经济行为会受社会结构和社会关系的影响,即经济行为会嵌入非经济行为(Granovetter,1985),受到非经济行为的影响,并且非经济行为对经济行为有治理功效(Uzzi,1997)。因此,非正式制度对企业社会责任的影响也是无法忽视的。

媒体关注对企业履行社会责任具有重要影响。唐亮等(2018)研究了社会信任和媒体关注对企业社会责任的影响,发现社会信任和媒体关注能促进企业履行社会责任,同时社会信任和媒体关注二者之间还具有协同效应,社会信任能有效提高媒体关注对企业履行社会责任的积极作用。企业管理层为了维持组织的良好形象和自身的声誉,也会积极履行社会责任,积极回应媒体的相关报道(Dyck et al.,2008)。钟宏武(2007)的研究指出,新闻媒体作为独立的第三方监督者,是企业主动履行社会责任的重要驱动力之一。贾兴平和刘益(2014)以制造业上市公司为样本,研究了外部环境和内部资源对企业履行社会责任的影响,研究表明,舆论压力会对企业履行社会责任产生正向影响,而竞争强度对企业履行社会责任的影响呈倒"U"形。广大媒体对企业信息的传播对企业产生了舆论压力。媒体既会积极报道和宣传企业履行社会责任的正面事例,为企业塑造良好形象;同时也会曝光企业虚假销售、压榨员工等不负责任的行为,对企业的形象和经济绩效造成极大的损害。企业为了回应舆论压力,会选择积极履行社会责任。

(二)企业自身因素对企业履行社会责任的影响

在企业自身因素中,大量研究从组织层面、高管个人层面等为企业社会责任决策的影响因素研究提供了丰富的经验证据。

1. 组织层面的影响效应

组织层面的影响因素主要涵盖组织规模、财务状况、无形资源、透明度、公司治理、机构持股等。

一是组织规模。组织的态度决定了社会责任行为的发生,而组织规模则决定了行为主体的社会责任履行程度。随着企业组织规模的不断扩大,社会对企业履行社会责任的期待自然会持续上升(肖红军、张哲,2017),从而加大了企业履行社会责任的外部压力。有学者研究发现,企业组织规模与企业社会责任行为呈正相关关系(P.A. Stanwick and S.D. Stanwick,1998)。企业组织规模越大,企业越可能有更完善、更成熟的对外应变机制,从而对社会责任问题的理解与处理能力也相应更强(Donaldson,2001)。随着企业规模的扩大,有更多的利益相关者关注企业的社会责任表现,从而促使企业更加积极地履行社会责任(Cowen et al.,1987)。高勇强等(2012)、张建君(2013)的研究均发现,规模越大的公司履行社会责任的水平越高。但是对于非营利组织而言,研究结论与营利公司有所差异。邓敏等(2018)的研究指出,非营利组织的组织规模与其社会责任投入水平呈现负相关关系,这可能是我国对非营利组织问责制度的建设尚不完善所导致的。

二是财务状况。基于信号传递理论,企业履行社会责任有利于向企业的利益相关者传递积极的信息,向外界传递企业具备良好的市场声誉和品牌形象的信号，努力与财务状况差的企业区别开来，证明企业有能力提高长期业绩和价值（Fombrun and Shanley，1990），从而增强企业利益相关者的信心，进而吸引更加优质的资源，降低企业的契约成本（Richardson and Welker，2001；Gross and Roberts，2011）。钱爱民和朱大鹏（2017）运用因子分析法考察了财务质量与社会责任履行之间的关系，研究发现，上市公司偿债能力越低，履行社会责任支出越多；上市公司盈利能力和发展能力越强，履行社会责任的支出越多。张兆国等（2013）运用系统GMM方法，分析了企业社会责任与财务绩效之间的交互跨期影响，认为滞后一期的企业社会责任对当期财务绩效有显著的正向影响，而当期和滞后两期的企业社会责任对当期财务绩效没有显著影响。

三是无形资源。企业资源可以分为有形资源和无形资源。由于企业通过履行社会责任树立的良好形象能够为企业带来收益，所以企业社会责任可以作为企业的一种无形资源（Russo and Fouts，1997）。企业将社会责任这种无形资源应用于企业新技术和新产品开发时，组织冗余资源能够为研发资源提供非正式的资源供给（郭立新、陈传明，2010），保障技术创新产出。资源基础理论认为，社会责任是企业的一种无形资源，企业通过对无形资源的投资，使无形资源转变为企业内部的独特能力和特殊资源（Barney，1991），有利于企业获得经济优势，可以为企业带来经济价值（McWilliams and Siegel，2000），并促进企业发展。孟猛猛等（2019）从资源基础理论出发，认为企业社会责任是企业的一种无形资源，企业把社会责任应用到产品和服务中，有利于满足其他利益相关者的相关利益诉求，从而有利于促进企业的成长，构建企业的竞争优势。

四是透明度。企业所有的利益相关者都期望企业公开透明地开展运营，从而满足他们的知情权、参与权与监督权，这就意味着透明运营是企业社会责任履行的基本原则。企业若是对利益相关者与社会负责，就应该对利益相关者和社会保持较高的透明度（肖红军、许英杰，2014）。换句话说，企业只有坚持透明运营的原则，才有可能发挥企业社会责任"提升价值、定义价值、发现价值"的功能，从而赢得利益相关者与社会的认同。透明运营是影响社会责任履行的重要因素，是企业社会责任评价不可或缺的因素。企业履行社会责任的透明度较高，有利于企业外部监管机制作用的发挥，满足机构投资者的意愿，增强机构投资者对企业决策的影响力，从而对企业履行社会责任的积极性具有正向影响（于晓红、武文静，2014）。基于信号传递理论，社会责任作为一种信号有利于降低信息的不对称程度，提高投资者保护水平（尹开国等，2014b），而且有利于避免负面社会责任报道所带来的经营风险，从而提高企业的良好形象与声誉（Lee，2008）。

五是公司治理。已有研究发现，企业能够通过完善公司治理机制提升社会责任在企业管理层薪酬激励中所发挥的积极作用（王新等，2015）。吴德军（2016）发现，公司治理与社会责任履行水平显著正相关。独立董事、监事会、审计委员会等是推动企业社会责任履行的重要力量（沈洪涛等，2010）。基于社会嵌入理论，郑登津和谢德仁（2019）提出，在民营上市公司嵌入党组织，党组织会对公司行为产生影响，其中包括公司社会责任履行，并发现党组织在民营上市公司中的感召力和企业的社会捐赠呈现显著的正相关关系。

六是机构持股。机构投资者有直接参与企业管理的渠道，丰富的经验和专业财务分析能力促使它们有更大动机获取企业价值相关的信息，也正是凭借着信息优势和投票权，它们才可以影响管理层的决策以及企业的行为（Schnatterly et al.，2008）。企业积极承担社会责任有利于提高企业竞争力，有助于企业与社会、利益相关者以及政府保持良好的关系，从而增加企业的经济价值（Petersen and Vredenburg，2009）。相对于其他利益相关者，机构投资者更关注企业的可持续发展能力和长远发展前景（Oh et al.，2011）。因此，当企业股权结构中存在机构投资者时，企业承担社会责任的战略决策得到支持的概率增大，企业也会更加积极主动地履行社会责任。Neubaum 和 Zahra（2006）的研究证实，长期机构投资者持股与企业社会责任履行之间存在着显著的正相关关系。王海妹等（2014）的研究发现，机构持股对于企业承担社会责任具有显著的正向影响，即机构持股比例越高，企业越有动力履行社会责任。Cox 等（2004）的研究指出，机构持股对企业承担社会责任有显著的促进作用，进一步考察专注机构和临时机构持股对企业承担社会责任的影响时发现，专注机构持股比例与企业社会责任的履行呈正相关关系。

2. 高管个人层面的影响效应

高层梯队理论认为，由于内外环境的复杂性和多样性，管理者不能对所有的方面进行全面的把控和了解，此时，管理者既有的价值取向和认知结构决定了其对当前信息的解释力和处理能力。在公司控制权和所有权分离的状态下，作为拥有控制权的管理层，其性别、年龄、生活环境、学习经历和工作经历等会决定组织的战略选择。Hambrick和Mason（1984）的"高层梯队理论"提出后，涌现了很多管理层特质对公司社会责任影响效应的研究成果。

一是在高管特征方面，Manner（2010）发现，企业社会责任履行与CEO的教育背景相关，社会责任履行较好的企业，其CEO的专业背景较多为文科；相反，社会责任履行较差的企业，其CEO的专业背景较多为经济管理类。而且，研究发现，企业中有海外经历的高管越多，企业越倾向于履行社会责任（文雯、宋建波，2017）。徐细雄和李摇琴（2018）的研究发现，相对于男性高管，女性高管的关怀主义伦理观和人性关怀特质使其更加注重社会责任的履行。当高管团队中女性比例更高或者企业的CEO为女性时，企业的社会责任履行质量会更高。张兆国等（2018）探讨了企业社会责任履行与高管团队异质性之间的关系，研究发现，高管团队的任期和年龄异质性对企业社会责任的履行具有消极影响，而高管团队性别和学历的异质性促进企业更加积极地履行社会责任。王文龙等（2015）研究了高管宗教信仰对企业履行社会责任的影响，研究发现，具有宗教信仰的高管倾向于更加积极主动地履行社会责任，即高管的宗教信仰与企业履行社会责任具有显著的正相关关系。Brammer等（2007）的研究证实了这一点，通过考察宗教信仰与企业社会责任履行的关系发现，信教徒对企业社会责任的履行有积极明确的态度。

二是在高管治理特征方面，已有研究聚焦于高管政治关联、高管薪酬、高管持股、高管变更、高管社会资本等对企业履行社会责任的影响效应。贾明和张喆（2010）的研究发现，高管的政治关联与企业履行社会责任之间呈现出显著的正相关关系，也就是说，具有政治关联的上市公司更加倾向于履行社会责任。基于代理成本理论，企业管理层履行社会责任的初衷是提高自身的声誉和获得利益，并不是最大化股东利益（李志斌等，2020），如企业履行社会责任就是企业管理层获取政治身份的一种途径（柳建坤、何晓斌，2020）。罗正英等（2018）发现，薪酬激励对企业履行社会责任具有正向影响，即薪酬激励越强，企业越有动力履行社会责任。王海妹等（2014）的研究指出，不同的股权结构会对企业履行社会责任产生差异性影响，公司外国投资者持有股权越多，企业越倾向于积极履行社会责任；国内管理层拥有的股权比例越大，管理层基于自身利益逃避企业社会责任的可能性越高。陈丽蓉等（2015）研究了企业高管变更对企业履行社会责任的影响，研究发现，高管变更会对企业承担社会责任产生负向影响，并且，在非国有企业中，这种负向影响更严重。李冬伟和吴菁（2017）基于高层梯队理论发现，高管团队的社会资本异质性对企业社会责任履行有显著的正向影响，社会资本异质性高的管理团队，通过对文化和社会资源的深度整合，获得各种信息以及企业发展所需的有益资源，企业会更愿意关注和满足不同利益相关者的要求，进而更好地履行社会责任。

三是在高管心理特征方面，主要聚焦于高管的自恋、自负和过度自信等维度。宋岩等（2019）指出，CEO 自信程度与企业社会责任行为之间呈现出显著的倒"U"形关系。当 CEO 自信水平较低时，CEO 受制于各方压力，为保证企业的稳定发展以及尽可能规避经营风险，会采取保守的投资策略，从而导致企业对履行社会责任持消极的态度；随着 CEO 自信水平的提高，CEO 会对投资环境持较为乐观的态度，并渴望得到更高的自我成就感和公众关注度（Chatterjee and Hambrick，2011），此时会通过促进环境改善等方式履行更多的与企业功能相关的社会责任，进而实现其人生价值；但是当CEO的自信水平超过某一临界值时，CEO过度自信，这时CEO更关注的是个人的成功与投资带来的回报，自身责任感降低，导致企业对社会责任履行持消极态度。McCarthy等（2017）的研究指出，CEO自信水平与企业社会责任履行显著负相关，即随着CEO自信水平的提高，企业履行社会责任的程度会下降。李思飞等（2015）基于行为金融学中关于管理者过度自信的假设，实证检验了管理者过度自信对企业社会责任履行状况的影响。研究发现，管理者过度自信与企业社会责任履行之间呈现出显著的正相关关系。Petrenko等（2016）的研究发现，自恋型CEO为提高他们的道德优越感，获得更多关注和赞扬，倾向于积极从事社会责任实践，此时社会责任的履行更多体现了CEO的个人需求和形象提升。

第三节 企业经济利益与社会责任融合的理论与经验研究

一 企业经济利益与社会责任融合的理论："经济人"与"道德人"的争论

道德哲学家、经济学家亚当·斯密的两部著作对人性假设提出了两种截然相反的观点，成为经济与道德的关系悖论（万俊人，2000），即亚当·斯密在《国富论》中认为，人类经济行为的基本动机是利己主义（经济利己主义目的论）；而在《道德情操论》中指出，人类道德行为的普遍动机是利他主义（道德利他主义社会道义论）。"经济人"与"道德人"的争论由此展开，企业道德行为的合理性、企业道德的经济价值等问题成为企业是否应该成为道德主体的争论焦点。

（一）"经济人"假设：企业道德无关论与竞争压力说

第一，企业道德无关论。从企业的逐利本质出发，企业道德无关论认为道德对市场经济没有价值。如果将企业资源用于道德领域将增加企业成本，导致股东收益降低。Friedman（1970）指出，在不违背市场规则的前提下，企业利用资源获取利润是企业唯一需要承担的社会责任。企业的利他行为仅是企业获取利润的手段。伦理道德中的利他主义因素与企业经营中的利己主义行为具有一定的矛盾性。

第二，竞争压力说。基于企业道德耗费了企业资源后使企业处于竞争劣势，竞争压力说认为，企业道德将在经济利益的驱动中逐渐消亡。营利性，而不是企业显示出的道德性，直接决定了企业的存在。随着时间的推移，"不道德"企业逐渐占据竞争优势，道德企业在竞争博弈中被侵蚀（Gambetta，1988），出现"劣币驱逐良币"的现象。在竞争压力说的理论框架下，市场竞争中的优胜劣汰与企业道德无关，伦理道德也因此被排斥在企业经营活动之外（余炳元，2010）。

（二）"道德人"假设：企业道德优越论与伦理价值论

第一，企业道德优越论。基于社会伦理视角，企业道德优越论认为，企业应该承担与个体同样的道德责任，道德可以成为企业的内在追求（Swanson and Niehoff，2001）。企业道德优越论从社会道德角度要求企业的行为符合社会道德的标准，将个体层面的伦理道德映射到企业经营活动之中，认为企业需承担组织框架内的道德责任。

第二，伦理价值论。立足于道德本身具有的价值，伦理价值论认为道德的价值是独立存在的，并不依附于企业的经济利润；遵循企业道德不是为了其为公司带来的潜在回报，而是为了寻求企业道德本身的价值；经济利润不是企业经营的最终目的，而是企业道德行为所获得的奖励。Paine（2003）认为，鉴于伦理道德与经济繁荣都是人类的理想追求，道德绩效作为一种新的绩效，应与财务绩效一样，成为公司绩效评价的重要环节。企业的价值不应满足于"温饱"，而是要追求"温饱"之上的企业道德，这正是道德的特有魅力（王蕾，2010）。

二 企业是经济主体，也是道德主体

古典政治经济学的经济人命题和社会达尔文主义的生物学竞争理论为道德和市场的分裂提供了支撑，并借助"经济人"的命题和一只"看不见的手"来描绘世俗的社会秩序，同时把道德从社会秩序中剔除，从而在经济领域形成了一个企业活动非道德性的神话（余炳元，2010）。关于企业社会责任的争论由来已久，很多西方学者一度将道德与企业的市场活动视为一对相悖的概念。新古典主义经济学家也基本将伦理道德从"经济人"的利益主义活动中排除，认为企业存在的唯一目标就是在遵守法律和适当的道德标准下，让所有者或股东利益最大化，而企业如果承担社会责任将会违背自由经济的原则，使企业的利润与经济利益降低，同时增加利益相关者的成本。

Friedman（1970）认为，在竞争经济中，企业只负责为股东创造利益，实现利润最大化，而不会有其他意义上的向社会和其他利益相关者负责的道德行为。Hayek（1990）认为，企业社会责任是有悖于自由的，而且企业履行社会责任偏离了企业利润最大化这一目标，任何偏离企业利润最大化目标的企业行为都可能危及企业的生存，并使企业的管理者获得无休止追求社会目标的难以控制的权力。企业作为理性"经济人"具有追求自身经济利益最大化的特性，正如传统观点所认为的：企业的终极所有者是股东，企业应该把股东利益最大化作为其效率标准，而股东利益最大化就等同于在强调企业应该以利润最大化为核心，从而导致企业必然会将经济利益放在最重要的位置（汤正华，2008）。企业的真正责任在于赚取利润、创造就业机会，给国家上缴更多的税收（吴月，2014）。如果企业只想着自身的经济利益，就会忽视或弱化相应的社会责任。

权利是一种获得和占有，而道德责任则意味着一种负担或付出，甚至会牺牲股东的利益，损害企业的价值（田广兰、李兰芬，2020）。经济学界展开了一场关于经济学该不该讲道德的争论。"道德无用论""不道德的经济学"等类似的观点遭到了经济学家和伦理学家的批评，在某种程度上，在经济学界达成了一种共识：经济学应该讲道德，市场经济离不开道德维度。

韦森（2002）认为，市场秩序有着伦理之维，市场的运行离不开道德的支撑，看不到这一点，将是一个理论的"道德色盲"。基于此，韦森（2003）提出，当代经济学与当代伦理学应该解除隔离，恢复对话与沟通。米歇尔·鲍曼（2003）用"现代人"的概念替代了古典经济学中的"经济人"概念，相对于"经济人"追求利益和效用最大化，"现代人"则是把主观效用行为动机同接受规范约束的选择规则结合起来，是规范约束始终优先的行为者。也就是说，"现代人"在接受规范约束时，即使从单一视角观察其遵守规范时的行为方式是违背其自身利益的，但其仍然会选择规范约束的行为方式。这一理论构成了对"企业非道德性神话"的有力驳斥。

企业履行社会责任是由企业的经济性与社会性的本质所决定的，企业经济属性与社会属性的实现将关系到企业的兴衰成败（陈昕，2013）。现代企业发展趋势表明，企业单一追求经济利益的时代即将结束，企业需要回报社会，增进社会福利，在实现自身经济效益的同时，承担越来越多的社会责任。这就要求企业最大限度地谋求生态、经济、社会三大利益相统一与最优化（高红贵，2008）。

现代经济学的博弈论进一步论证了企业道德行为的合理性。基于经济伦理，作为经济主体的现代企业，不仅仅是道德主体，其经营行为在一定程度上也具有伦理动机，因此企业的经济行为也属于一种道德行为（杨萍、董军，2009）。支持企业是道德行为主体的学者认为，企业的决策、政策、惯例是企业集体的产物，不是个人的产物（周祖城，2014）。French（1979）指出，企业是能够区别企业决策与个人决策的，即企业内部结构能够把个人的知识、感觉、动机整合起来形成不同于个人决策过程之和的企业决策。Goodpaster（1983）认为，大部分企业都具有感知、推理、协调和实施等认知特征，同时也具有理性、尊重等道德要素。所以，企业并不是以股东利益最大化为唯一目标的，企业可以被视为道德行为主体。

下面本书从企业作为道德行为主体的特征、企业行为的特征、企业与企业行为之间关系的特征三个方面分析企业道德行为主体的定位归属。

第一，从企业作为道德行为主体的特征来看，企业的道德主体身份作为客观事实内化在社会文化之中。社会文化通过潜移默化的方式渗透到人们的理念之中，从而成为企业管理者和社会相关利益群体对企业的一般要求（赵华灵，2012）。企业作为独立的道德主体，行为的决策与实施是出于其自我意志，企业有能力决定企业的行为，也有能力决定是否实施责任行为。即使在市场经济条件下，企业的行为也必须符合道德规范，满足其他利益相关者的意愿，如果企业的行为违反了道德规范，企业不仅会受到法律的制裁，而且要承担社会舆论方面的压力，从而导致企业无法实现管理效益（孟繁英，2017）。但是，企业仍然可能会为了自身利益或一时利益，而选择违背社会道德规范要求，即企业决定不履行社会责任。

第二，从企业行为特征来看，从道德义务外在形式的约束到义务与主体的结合程度，企业行为遵循和违反道德规范的情况可以看作道德责任范畴之内的事，因此可以将责任的义务分为消极义务、严格的积极义务和广义的积极义务（许敬媛，2008）。首先，消极义务表现为企业的不作为义务，即企业只需要满足一些法律以及成型的一般性社会道德规范要求就可以，不损害其他利益相关者与社会的利益（李锴、徐凌，2011），这是企业需要履行的最低义务。其次，严格的积极义务是指，企业承担社会责任是基于帮助他人的善意（靳小翠，2019）。履行严格的积极义务一般会要求履行已经承担的角色义务，要求企业必须满足利益相关者与社会的期望，必须积极主动履行社会责任。严格的积极义务体现为企业应尽如下责任：帮助困难员工、创造和保持与利益相关者的信任关系、保证市场环境公平、保障雇员的健康与安全、补偿对社会的损害、保证顾客不受到误导（朱富强，2019）。最后，广义的积极义务主要是指，义务倡导企业履行社会责任，避免损害其他利益相关者和社会的利益。

第三，从企业与企业行为之间关系的特征来看，企业道德责任会牵涉企业行为与责任承担者之间的关系。企业积极承担社会责任后所取得的社会效益可能在短期内无法变现，也就是说，社会效益无法对经济利益产生立竿见影的直接正向作用，从而导致许多企业认为企业承担社会责任会降低企业的价值，损害股东利益，因此企业会在履行社会责任上投入更少的资源（陈昕，2013）。当企业与相关利益群体存在利益关系时，企业就会为了自身经济利益而倾向于选择不同利益，这样就会使企业与其他利益群体之间产生利益冲突（苏玉娟、魏屹东，2009）。随着企业承担的社会责任越来越多，企业与利益相关者之间的关联度也会相应提高。基于社会嵌入理论，社会网络越密集，网络中的行为主体之间的相互影响越大。也就是说，只要企业更加积极地履行社会责任，提高企业与利益相关者之间的关联度，企业承担社会责任后取得的社会效益在短期内变现的概率就会极大提高。

综上所述，作为经济主体的企业可以作为道德主体。把企业看作道德主体后，企业履行社会责任更可能是源于经理人或企业纯粹的道德良知（朱敏等，2014）。道德行为不同于一般行为的规定，就在于道德行为是一种经过自主的意志抉择并具有社会意义的行为（杨萍、董军，2009）。基于企业伦理道德责任，企业需要将社会对企业的伦理道德期望转化为企业员工自愿遵守并认同的伦理道德共识，以此来规范和引导企业员工的行为，这是企业社会责任的内核，也是企业生存和发展的灵魂，并最终决定了企业履行社会责任的广度和深度（吴月，2014）。

三 "经济人"与"道德人"的融合：私利与公益调和论

亚当·斯密提出的经济利己主义目的论与道德利他主义社会道义论的真正意义在于阐释经济伦理（道德是经济的价值要素）与伦理经济（经济是道德的利益基础）在当代的知识合法性与现实合理性（万俊人，2000）。至善者有自利的一面，至恶者也有利他的表现。"经济人"与"道德人"都是人性原始本质中的一面，具有相同的基本价值目标（万俊人，2000）。Smith（1776）提出的私利与公益调和论认为，"看不见的手"推动了私利与公益的调和，将私利行为引至人类社会的共同伦理道德。"利他才能利己"以及"市场对违背规则企业的惩罚"体现出企业的生存法则，也表征出企业的道德责任。经济行为与道德导向难以割裂，经济学与伦理学的明确分工也没有令人信服的依据（Buchanan，1985）。

第一，道德资本论。道德资本是指道德的经济功能及其作用（罗卫东，1998）。基于有价值的生产性资源视角，道德资本论认为，道德作为精神资源，涵盖社会理性精神的价值目的，在价值创造与增值过程中发挥着积极作用，具有资本特质（王小锡，2013）和经济价值（王小锡，2011）。道德资本能够规范和约束人的行为，旨在与社会发展保持正向价值关联（王小锡，2011）。Fukuyama（1996）指出，诚信这类社会道德，作为一种特殊的社会资本，在一国的现代化进程中发挥着重要作用。

第二，伦理回报论。以工具理性为逻辑出发点，伦理回报论认为，企业道德具有成本优势和声誉优势（Minor and Morgan，2011），从长期看能够提升企业的财务绩效（Platonova et al.，2018；Price and Sun，2017），为企业赢得竞争优势（吴定玉，2018；徐召红、李秀荣，2018）。道德通过优化"毗邻效应"（Buchanan，1985），减少"搭便车"等行为（North，1981），降低市场的交易费用。道德持续物化并蕴含于有形资本中，通过企业信誉（Kotchen and Moon，2012）、企业品牌、企业家声誉、社会形象（徐召红、李秀荣，2018）等，提升有形资产的附加值（王小锡，2011），降低公司风险（Jiang et al.，2015；Lins et al.，2017），缓解股票市场的信息不对称（Cho et al.，2013），为企业带来显著的市场超额收益（Cordeiro and Tewari，2015）。具有高尚道德的公司拥有更高的声誉，没有企业愿意背负失德的坏名声（高小玲，2008）。道德沦丧企业的潜在风险会转化成企业实际的货币损失（Nagel and Swenson，1993）。

第三，社会文化准则论。立足于企业道德与社会行为准则的紧密联系，社会文化准则论认为，具有高尚道德的企业形成了对社会文化环境变革的隔离机制，能够获取持续的竞争优势。社会文化准则与政治、法律等环境具有潜在一致性。道德企业因与外部环境保持一致而拥有抵御外部环境冲击的能力，这种安全性保证了企业不用被迫改变经营策略（高小玲，2008），能更好地融入社会网络并获取高额回报。

四　企业社会责任与经济利益

私利与公益调和论的逻辑起点在于社会责任能够提升企业价值。因此，本书对企业社会责任与经济利益的文献进行综述，以期说明企业社会责任与经济利益之间的关系。

已有研究从增加社会福利和维护利益相关者两个维度定义企业社会责任，即企业社会责任是企业为维护和增进与利益相关者的关系而进行的活动。根据这一定义，企业履行社会责任带来的公司价值的变化只是企业履行社会责任在增加社会福利过程中产生的副产品，因此基于不同的视角研究企业社会责任的价值会有不同的结论（徐汇丰、郭伟栋，2019）。在研究企业社会责任与企业经济利益的文献中，支持企业社会责任具有正的价值相关性的理论有高水平管理理论和利益相关者契约成本理论，认为企业社会责任具有负的价值相关性的理论有资源消耗理论和代理理论。

（一）正的价值相关性的理论

1. 高水平管理理论（Good Management Theory）

高水平管理理论认为，企业社会责任履行水平越高越好。当企业积极承担社会责任时，企业管理者的能力会得到市场参与者的认可，利益相关者基于对企业管理者的信任会通过消费行为、投资行为和求职行为来回报企业，从而使企业的经济利益增加（Waddock and Graves，1997）。企业社会责任的履行水平取决于企业决策，而企业决策是由企业管理者决定的，因此企业社会责任的履行水平在一定程度上反映了管理者的能力。而且，企业在履行社会责任过程中有时需要进行现金捐赠，而现金捐赠需要企业拥有充足的现金资源和较强的盈利能力（祝继高等，2017）。

McGuire 等（1988）、Waddock 和 Graves（1997）、Adams 和 Hardwick（1998）发现，公司盈利能力与企业履行社会责任的程度呈明显的正相关关系。梁建等（2010）基于中国民营企业的抽样调查发现，较高的公司治理水平会显著提高企业承担社会责任的积极性。Orlitzky 等（2003）认为，社会责任的履行通过提高企业的管理能力来提高管理层对市场、政治、技术环境和社会的认知能力，从而提高企业的经营业绩，增加企业的经济利益。这源于企业履行社会责任有助于企业优化组织形象，提高企业的声誉，延伸品牌力量和提升企业公信力，而且通过履行社会责任提高的知名度也更有益于企业博得公众的好感，从而使得消费者更容易信赖这些企业的产品和服务，自然而然就会倾向于选择和购买该企业的产品，从而促进了企业经济利益的增加（张丽芬等，2014）。随着企业社会组织形象的提高，企业的社会声誉也会相应提高，使得企业容易获得政府的支持，从而无形中提高了企业的市场竞争力。契约效率假说认为，积极履行社会责任能够从道德与意识层面降低管理者采取机会主义行为的概率，由此提高公司会计政策的稳健性（朱清香等，2019）。马燕（2003）认为，企业在追求经济利益时，兼顾公众利益和环境保护，会更有利于企业得到社会的认可与支持。Freeman 和 Evan（1990）认为，履行社会责任增加了经理人对外部需求的获得能力，即企业在履行社会责任过程中促进了经理人与其他利益相关者之间的互动与交流，从而有利于提高公司的经营效率。

2.利益相关者契约成本理论（Stakeholder Contract Cost Theory）

利益相关者契约成本理论认为，企业履行社会责任起到了类似保险的作用，企业履行社会责任相当于在履行隐性社会契约，有利于满足社会的期待，能够减少维护利益相关者关系的成本，进而提高企业的经营效益（李井林等，2019）。企业并不是一个单独的个体，企业处在社会网络之中，企业的生产经营除了依赖于股东和债权人的资本支持外，还需要从社会网络中获取资源，所以企业在实现自身经济利益最大化的同时，还需要关注客户（消费者）、员工、供应商、社区等其他利益相关者的利益，维护好与利益相关者之间的关系，从而更好地促进社会的和谐稳定与可持续发展（宋杰珍等，2016）。考虑到企业是一个由利益相关者构成的契约共同体（李德，2018），企业若想降低与利益相关者之间的契约成本（Swanson，1995），就需要积极履行社会责任，即企业通过履行与利益相关者之间隐性契约的方式，保持与社会的关系。

企业履行社会责任与利益相关者权益契约的履行具有一致性（Porter and Kramer，2006）。随着企业承担的社会责任越来越多，企业与利益相关者之间的关联度也会相应提高。基于社会嵌入理论，社会网络越密集，网络中的行为主体之间的相互影响越大。当企业与相关利益群体存在利益关系时，企业就会为了自身经济利益而倾向于选择不同利益，这样就会使企业与其他利益群体产生利益冲突（苏玉娟、魏屹东，2009）。如果企业违背了与利益相关者之间的隐性契约，甚至有可能侵害到利益相关者的利益，利益相关者就会通过负面社会责任报道来向企业管理者施压，有意干预企业的决策与经营活动，从而增加企业的成本。换句话说，企业与利益相关者之间的互动关系越紧密，二者的目标一致性越高，越有利于利益相关者深入了解企业，提升利益相关者对企业产品品牌的认同感，从而帮助企业获得更多的合法性支持，提高企业的经营效率。企业在履行社会责任的过程中，通过与利益相关者互动进行品牌宣传和推广，从而有利于消费者对产品产生良好的品质知觉和品牌联想，间接提高企业的营销效率，增加企业的经济利益（张强，2018）。

刘建秋和宋献中（2011）的研究指出，作为企业社会契约的一部分，企业社会责任主要表现为一种降低交易成本和弥补契约不完善性的机制。Rowley和Berman（2000）认为，积极履行社会责任的公司要比不履行社会责任公司的隐性契约成本低，从而间接增加了企业的经济利益。企业履行社会责任不仅降低了维护利益相关者所需的成本，而且还能够降低企业的融资成本。已有研究证明，非金融企业承担社会责任能够降低企业的债务融资成本，而且相对于国有企业而言，民营企业承担社会责任对降低企业债券信用利差的作用更显著（周宏等，2016）。张正勇和邓博夫（2018）从货币政策环境视角实证考察了社会责任对企业信用融资的影响，研究发现，相对于社会责任表现较差的企业而言，积极承担社会责任的企业能够获得更多的商业信用融资，从而大大降低企业的融资成本。

（二）负的价值相关性的理论

1. 资源消耗理论（Private Cost Theory）

资源消耗理论认为，企业应该以股东利益最大化为目标，这是其唯一的职责，而企业承担社会责任是通过消耗股东资源来为整个社会和利益相关者创造福利，是一种企业的非自愿行为，是对企业资源的一种净消耗，所以企业承担社会责任会对企业的经济利益产生负面影响（Friedman，1970）。Donald 和 Martin（2012）研究指出，如果企业承担社会责任的目的是为社会和利益相关者创造利益，而非实现企业的股东利益最大化，那么企业社会责任的履行将与企业的经济利益没有显著的关系，甚至会有负相关关系，这是由于企业履行社会责任需要消耗企业内部的资源。

根据利益权衡假说，企业的资源是有限的，企业必须进行利益的权衡，如果企业选择保护利益相关者，即企业决定履行社会责任，例如进行慈善捐赠、投身公益、保护环境等，那么企业就必须将企业有限的资源和资金投资到履行社会责任过程中，从而使得企业相对于那些不是很积极承担社会责任的企业处在不利地位，降低了企业的竞争力，致使企业的经济利益相应降低（李志斌等，2020）。

Burke 和 Logsdon（1996）的研究指出，企业承担社会责任往往需要消耗企业现有的财务资源，而通过履行社会责任创造的经济利益在短期内兑现是非常困难的，从而对企业的经济利益造成了负面的影响。Mahapatra（1984）也认为，社会责任策略属于一种长期投资，符合企业的长期战略，占用企业人力资源和企业成本，且在短期内很难得到回报。Crisóstomo 等（2011）以巴西企业为对象进行研究，发现企业履行社会责任会占用企业的资源，从而减少了企业的收益，与企业的财务绩效呈显著的负相关关系。Aupperle 等（1985）的研究以新古典主义为理论基础，认为企业履行社会责任会使企业承担额外的成本，从而可能会降低企业在同行业中的竞争力，同时对投资社会责任所获得的收益大于承担的成本提出了质疑。

2. 代理理论（Agency Cost Theory）

代理理论认为，企业社会责任的履行反映了管理层与股东之间的委托代理关系存在的问题，即企业履行社会责任产生的收益归企业的管理层，而企业的股东需要承担企业履行社会责任而产生的额外成本（严若森、唐上兴，2020）。基于股东与管理层之间的委托代理关系，长期会有一种担忧，即管理层履行社会责任是为了促进他们自己的职业发展或是满足其他人的个人利益（黄萍萍、李四海，2020），而非为了企业的整体发展。换句话说，委托代理关系有可能造成企业履行社会责任并不是为了企业整体发展，而是企业管理者出于个人压力对外界的回应，为了自身社会声誉偏好或是出于个人的利益偏好来维护与特定利益相关者的关系（徐汇丰、郭伟栋，2019）。

Friedman（1970）的研究指出，企业承担社会责任服务于管理层的利益，体现的是管理层的机会主义动机，而这本身就是一种代理成本。基于管理层自利主义假说，企业社会责任的信息传递效应可能会由于管理层的自利行为被扭曲为信息遮蔽效应，即为了掩盖或转移公众对企业管理者不端行为的关注，企业会积极履行社会责任，优化其社会责任表现（高勇强等，2012；李钻等，2017）。Hemingway和Maclagan（2004）的研究也支持这一观点，他们指出，企业履行社会责任的动机是掩盖管理层的失德行为，企业承担社会责任更多的是为了进行盈余管理。如安然公司，在其会计造假的负面新闻报道出现之前，其曾连续多年获得全国社会责任奖。田利辉和王可第（2017）的研究发现，企业履行社会责任竟然增加了崩盘风险，这说明企业社会责任的信息披露可能是一种粉饰工具，企业的经理人是借社会责任之名损害股东利益。

代理理论认为，企业承担社会责任源于企业管理层对自身利益的考量。如果企业当期报告的会计信息可靠性较低，企业的管理层就可以通过积极履行社会责任来掩盖企业操纵盈余的行为；但是当企业本来的社会责任表现就比较好时，企业也会出现操纵盈余的动机（毛志宏、金龙，2016）。按照代理理论，经理人作为受托人，应该在遵守规范的前提下为企业谋取利润最大化（Friedman，1970），但是，企业社会责任的存在成为企业内部代理问题的一个信号，即该理论认为在股东价值最大化下，社会责任暗示企业使用企业的资源，误导了企业的投资，然而这些资源本是可以增加股东的价值或者甚至是可以归还给股东另作他用的（陈益云、林晚发，2017）。

3. 社会责任对企业经济利益的减损效应

社会责任对企业经济利益的减损效应可能源自企业并没有真正实现经济利益与社会价值的有机融合。依据资源消耗理论和代理理论，企业承担社会责任可能带来企业价值的减损。社会责任对企业经济利益可能存在的消极影响或许在于企业并没有真正实现经济利益与社会价值的有机融合。

资源消耗理论框架下的社会责任与经济利益之间的负相关关系可能源自企业社会责任的履行方式问题。如果企业在履行社会责任时能够结合企业战略，企业社会责任就能成为实现企业战略的有益工具，而不是企业的负担（杨自业，2009），从而为企业的长远发展提供强有力的支撑。工具理论就认为，企业社会责任能够增强企业竞争优势，是实现股东财富最大化的理想战略工具，虽然短期内消耗了企业资源，但是从长期来看，其是企业集聚竞争优势的重要工具。

委托代理理论框架下的社会责任与经济利益之间的负相关关系源自管理层对股东利益的潜在侵害（Du，2015）。企业履行社会责任的决策是基于管理层的自身利益考量，而不是企业的发展需要。管理层通过履行社会责任为自己集聚声誉、社会资本等稀缺资源。公众是否可以容忍企业履行社会责任时怀有不同动机，甚至是自利动机，是问题的关键所在。只要企业在切实履行社会责任，社会公众就是受益方，社会福利就会相应增加。我们或许可以对社会责任履行更加宽容，不去计较施善者是否有善意，而只是关注受益人是否切实得到了帮扶。企业经济利益与社会责任实现有机融合，至少可以保证企业社会责任的切实履行。

企业经济利益与社会责任的高度融合当然鼓励社会责任履行的初衷也充满善意，而不是基于自利倾向。社会责任的履行方式可以解决这一问题，比如由公司出资设立基金会，向基金会捐赠善款，由基金会开展公益慈善活动，履行社会责任。基金会的设立动机之一就是约束公司高层管理者的自利行为（陈钢、李维安，2016）。公司管理层履行社会责任，开展公益慈善活动谋求个人利益，可能会损害股东权益（Atkinson and Galaskiewicz，1988）。企业基金会能够在一定程度上将公司高管与慈善捐赠行为分离。企业基金会虽然由企业出资设立并捐赠善款，但从法律上来讲，拥有独立法人地位（Petrovits，2006）。企业基金会的公益慈善决策由基金会理事会负责，基金会监事负责监督，基金会秘书长管理具体慈善捐赠事务。

美国一些企业明确规定，公司 CEO 不能在企业出资设立的基金会理事会中担任理事、秘书长等职务（Useem and Kutner，1986）。虽然中国的企业基金会并没有明确规定公司高管不能在基金会中任职，但基金会面临来自登记机关和业务管理部门的严格监管，且基金会的独立法人身份也在一定程度上将企业管理层与社会责任活动相互分离。企业可以通过设立基金会缓解社会责任履行过程中存在的管理层的自利攫取问题。

企业履行社会责任是由企业的社会性所决定的。从长远发展来看，企业履行社会责任并不是企业单一的成本付出。企业履行社会责任的基础是企业的经济利益本性，如果不能获得经济利益，企业怎么可能拥有资源投入社会责任领域。正如卢正文和刘春林（2011）所指出的，企业所有的社会责任行为都是以财富最大化为基础的。企业通过履行社会责任，获得经济利益，实现与社会的"双赢"（梁宝霖、陈家伟，2006）。企业履行社会责任有助于企业优化组织形象，企业的社会声誉也会相应提高，使得企业容易收获政府的支持，从而无形中提高了企业的市场竞争力。实践证明，良好的企业形象有利于企业实现其经济利益。这也很好地解释了为什么越来越多的企业主动承担社会责任，自觉地将履行社会责任纳入企业的经营理念之中，构成企业文化的重要内容。

综上所述，基于社会嵌入理论，企业在追求自身经济利益的同时，还需要考虑其所依赖的群体的利益，只有综合考虑了自身与其他利益群体的利益，其才能最终实现经济利益（肖日葵，2010）。正如 Burke 和 Logsdon（1996）提出的战略性社会责任，履行社会责任既能够给企业带来经济利益，也能够为企业的核心业务提供支持并提高企业的运行效率,也就是说,经济利益与社会责任的有机融合是切实可行的。

五 文献述评

(一)基于企业经济利益与社会责任的融合趋势对经济伦理与伦理经济的知识合法性与现实合理性的印证,社会责任研究愈加强调社会责任的责任边界问题

胡凯和胡骄平(2011)指出,企业道德责任的底线是企业基于生存而履行的最低限度的道德责任,上限为企业基于竞争优势考量而承担的高于竞争对手的道德责任。企业道德的范畴是企业利益相关者协商一致的结果,体现出利益相关者对公司的所有合法与合理期望(高小玲,2008)。企业道德的责任边界决定着企业道德的践行程度,以及企业道德"自律"与"他律"的履行导向,是企业道德决策的核心维度。

底线责任与道德责任的划分由来已久,企业作为各种资源以及人与人之间关系的集聚体,在日常生产经营过程中无不体现着社会属性,可以说社会的生存环境就是人与人之间的关系织就的社会网。如果说人的生存有两种状态,即生理存活和社会存活,那么企业的生存更多体现了社会存活。道德作为人类社会中的软约束规则,是人类共同认可的主流价值观念和思想。社会存活所需遵守的规则指的就是人类在社会中生存必须遵守并实践的主流价值观和思想,以绝大多数人认同并遵守的规则去约束个人的行为。与此类似,企业作为社会属性的关系体在生产经营过程中除了追求利润最大化的目标之外，至少还需要满足人类社会对一家企业最低的道德要求，承担最低限度的道德责任，从而获取企业在人类社会中的生存资格，由此而承担的最低限度的责任就是企业的底线责任。因此，底线责任是出于生存目的而不得不履行的责任，与基于道德取向而承担的社会责任具有完全不同的性质和目的。

所有企业都是仅仅履行道德上的底线责任吗？答案显然是否定的。正如个人因成长环境等因素的不同而产生不同的道德观和责任意识，企业体现出的责任意识也会因创立者的观念而异，同时企业的战略、行业竞争程度、经济实力、高级管理层的责任意识乃至组织架构都会对企业最终履行的社会责任产生影响。企业基于竞争优势、道德意识等的考量而承担多于竞争对手的社会责任，才是基于道德理念而承担更多社会责任的价值体现，这部分"纯净"的社会责任是道德责任。以往对于社会责任的研究主要关注企业捐赠。基于以上分析可以看出，企业捐赠的行为所体现出的社会责任是上述分析中底线责任与道德责任的总和。底线责任所对应的企业捐赠之外的那部分捐赠才是真正意义上道德责任的体现。

（二）企业经济利益与社会责任的融合机制研究更加强调企业社会道德主体的地位

随着社会责任指南与社会责任标准本土化进程的加快，在宏观层面上社会责任逐步上升为一种国家战略，在微观层面上战略性企业社会责任概念逐步深入企业的管理运营过程中。国有企业和民营企业都逐渐开始将社会责任作为企业的微观战略选择，从而使得国有企业社会责任实践方式得到突破，民营企业的社会责任理念认知也从前期的单纯市场观逐渐转变为综合价值创造观（肖红军、阳镇，2018b）。

相对于非国有企业而言，我国国有企业性质的重要体现就在于，从建立伊始就被赋予了强大的社会责任（李姝、谢晓嫣，2014）。国有企业担负着不可推卸的带动企业积极履行社会责任的任务，是执行各项经济和社会政策的主力军（王文成、王诗卉，2014）。国有企业的经营目标具有多重性，在基础设施建设、经济增长、解决就业等方面，国有企业通常要承担更多的责任。也就是说，国有企业相比于非国有企业而言，并非仅仅以企业利润或是股东财富最大化作为首要目标（Piotroski and Wong，2012），大部分国有企业的发展动力来源于社会价值驱动的基础层次即社会责任驱动，对国家、对社会、对人民负责任的义务感和责任感驱动着国有企业积极履行社会责任，不断追求进步（黄速建等，2018）。

由于我国改革过程中建立的保障体系尚未完善，加上社会稳定的公益性质和民企追求盈利的单一目标，国有企业不仅需要完成自身经济目标，还需要帮助政府继续承担社会责任，实现提升社会福利效应的目标（Bai et al.，2000）。政府为实现非经济目标，一方面直接采取行动干预国企经济活动（陈信元、黄俊，2007；程仲鸣等，2008），另一方面通过国企高管的人事任免制度嘉奖已完成非经济目标的高管，以此激励国有企业高管承担社会责任（刘青松、肖星，2015）。随着社会责任理念的逐步深入，国有企业积极主动地承担社会责任，将社会责任与国有企业战略深入结合，极大地改变了国有企业被动承担社会责任的现状，让社会责任不再成为国有企业的行政负担，而成为国有企业创造长期价值的有益途径。

徐莉萍等（2011）指出，相对于国有企业而言，民营企业面对的市场竞争、创造与维护政府关系等方面的压力更大，基于经济动机的"战略慈善"需求，民营企业更加倾向于积极履行社会责任。而且，在信任程度较高的地区，新闻等社会媒体报道的关注对民营企业社会责任履行的促进作用更强，这可能是由于在信任程度高的地区，社会公众对民营企业履行社会责任行为的关注度更高，从而提高了企业社会责任的履行质量（唐亮等，2018）。赵天骄等（2019）的研究指出，处在利益相关者网络中的民营企业的社会责任履行也会受到与其相互联结的其他企业的影响，与民营企业联结的企业越是靠近网络中心的位置，该民营企业的社会责任绩效表现越好。

（三）企业经济利益与社会责任的融合机制研究愈加重视企业文化的引领功能

战略性履行社会责任的企业，在企业价值观体系中所渗透的企业伦理，会在企业经营的过程中，通过独特的企业文化和道德行为规范改变或强化企业高管团队的道德观和社会责任观，从而决定高管团队的社会责任行为（邵兴东、孟宪忠，2015）。已有研究发现，培植企业文化的重要力量源于企业家的伦理道德、个人品质和生活方式，道德型领导的持续激励有利于引导员工形成积极的价值观和共同愿景（颜节礼、朱晋伟，2013）。靳小翠（2017）的研究发现，良好的企业文化能够指导和约束企业承担社会责任。温孝卿和赵春妮（2018）实证检验了企业文化各维度对企业社会责任表现的不同方面的影响，研究结果显示，企业文化中的员工参与、价值认同及环境适应与企业社会责任表现呈现显著的正相关关系，并对企业社会责任在经济、技术、渠道及薪酬方面的表现具有显著的积极影响。企业价值观中的不确定性规避、长期导向、集体主义都对企业社会责任具有显著的积极影响（辛杰、吴创，2015）。正式制度无法约束企业的所有社会责任行为，正式制度在很多情形下存在失灵的缺陷。正式制度的局限性促使我们从非正式制度——企业文化的视角思考企业社会责任的深层次问题。因此，回归文化传统这一非正式制度为消解中国企业社会责任困境提供了一条线索（辛杰，2014a）。

（四）企业经济利益与社会责任的融合机制研究日益凸显社会建构性与企业意志性的共同驱动效应

企业道德不只是企业自身非理性的情感问题，还是在企业价值观念、主观映像、行为偏好的形成过程中，依赖于法律制度环境，对隐含或外显的社会契约的遵守程度，反映出社会建构性与企业意志性的融合（高小玲，2008）。制度、经济等因素共同驱动企业履行道德责任（徐召红、李秀荣，2018）。在社会运行机制完善的前提下，企业道德的经济价值及其价值转换才得以维系，企业道德才不致陷入"泛道德主义"的现实困境（王小锡，2011）。政府主导的企业社会道德与良知规则（Jeffrey，2000），对所有企业的道德活动施加相同的强制力，守住了企业道德底线，是道德感知外化的基本手段（高小玲，2008）。宏观市场公正与微观主体诚信共同构建的基于公正原则的市场信任关系体系以及秩序良好的市场道德环境是企业道德融入企业经济行为的理论前提（王小锡，2011）。企业感知到的腐败与社会道德滑坡越严峻，企业道德责任的履行程度越低（郑琴琴、陆亚东，2018）。公司治理（涵盖党组织治理）在联结企业底线道德责任（法律的"硬约束"）与企业道德价值追求（道德准则的"软约束"）的过程中发挥着重要的作用（Hu et al.，2018；张蕊、蒋煦涵，2019；于连超等，2019）。

第三章
企业经济利益与社会责任融合的理论框架与分析

第一节 企业经济利益与社会责任融合机制的理论框架

企业经济利益与社会责任的真正融合并非易事。企业的首要任务是追逐经济利益,社会责任的履行总会消耗企业的各种资源,甚至很多成功的拥有盛名的大企业在社会责任方面也存在"说一套,做一套"的现象,企业普遍存在伪社会责任现象。不少企业还将社会责任、慈善捐赠当作掩盖企业违规行为、转移社会公众注意力、逃避监管部门违规查处的工具(李晓玲等,2017)。

社会公众能够识别企业的伪善行为,并给予企业相应的负面道德评价(雷宇,2015)。企业伪善行为包括公共性企业伪善行为和技术性企业伪善行为,消费者对技术性企业伪善行为的惩罚意愿更高（樊帅等，2020）。消费者会采取负向惩罚，即去除企业渴望的刺激（比如品牌抵制），或正向惩罚，即给予企业不想要的刺激（比如负面口碑传播），以表达对企业伪善行为的不满（高英等，2017）。

鉴于企业经济利益与社会责任的融合可能存在伪善面纱，本书从融合层次、融合程度双重维度入手，立足于社会嵌入性与企业意志性视角，构建企业经济利益与社会责任融合机制的理论框架。

从融合层次来讲，本书从底线道德、慈善道德的视角对企业的社会责任行为进行分类，考虑企业在追逐经济利益的基础上开展的社会责任活动属于哪个层次。不考虑经济利益的社会责任不具有持续性，但企业经济利益的追逐不能突破法律界限，违背底线责任。鼓励企业在确保底线责任的基础上，牺牲更多的经济利益从事慈善事业是企业经济利益与社会责任融合指标的衡量逻辑。基于融合层次，本书将企业分为污点无善企业、底线无善企业、污点行善企业、公益慈善企业。

从融合程度来讲，本书从企业社会责任评级与经济利益赢取角度对企业进行综合评价，定量刻画企业经济利益与社会责任的融合程度。

基于社会嵌入理论，在企业经济利益与社会责任的融合机制方面，本书从社会嵌入性和企业意志性双重视角，分别从《慈善法》与管理层远见力、地区道德文化与企业社会责任理念、社会责任网络与社会责任领导机构维度，探究社会环境影响下的企业意志对企业经济利益与社会责任融合的影响效应（见表3-1）。

表 3-1　企业经济利益与社会责任的融合机制

嵌入类型	社会嵌入性层面	企业意志性层面
政治嵌入	《慈善法》	管理层远见力
文化嵌入	地区道德文化	企业社会责任理念
关系嵌入	社会责任网络	社会责任领导机构

第二节　企业经济利益与社会责任融合层次的理论分析与数据分析

一　理论分析

社会责任属于企业道德的研究范畴。企业道德有层次之别，包括底线道德和慈善道德两个维度。底线道德覆盖企业的法律法规遵循责任；慈善道德是企业自愿履行的，有助于社会公众的慈善责任。本书基于底线道德与慈善道德两个维度，将企业划分为污点无善企业、底线无善企业、污点行善企业、公益慈善企业（见图 3-1）。

	无底线道德	有底线道德
无慈善道德	污点无善企业	底线无善企业
有慈善道德	污点行善企业	公益慈善企业

图 3-1　企业分类：基于企业经济行为与道德导向的融合层次视角

企业经济利益与社会责任的融合层次（$SCEPS1$）针对上述四类公司进行赋值。$SCEPS1=\ln(1+s)$，s表征企业融合层次上的差异，对于污点无善、底线无善、污点行善与公益慈善企业的赋值分别为1、2、2和3+N。底线无善与污点行善企业的融合程度不易区分，但均比污点无善企业要好，故取值为2。N是企业在第t年满足如下三项的总和：已连续五年做慈善、已设立慈善基金会、荣登中国慈善榜。N是对公益慈善企业的进一步区分。依据图3-1，被划分为公益慈善企业的公司在融合层次上是最优的，但是公益慈善企业在社会责任的履行质量方面也是有差别的。因此，本书从连续慈善、慈善基金会、慈善捐赠榜三个维度进一步区分公益慈善企业。

连续慈善比"三天打鱼，两天晒网"的偶尔慈善要好。公益基金会是开展慈善活动的专业组织，在慈善活动的专业性和效率性方面占优。中国慈善榜代表着企业在慈善活动中花费现金的多少。在非特殊时期，捐赠现金的善举通常来讲比捐赠物品的善举在受益范围上要更广一些，在慈善力度上要更大一些。现金能使受益人购买其最需要的物品，但是特定物品的捐赠却不一定是受益人真正需要的善意。当然，上述观点在特殊时期不一定适用。比如，在新冠疫情刚开始的时候，口罩千金难买，普通公众根本就买不到口罩。此时捐献口罩的善举就是"雪中送炭"，因为在拿着现金也买不到口罩的情况下，捐献口罩背后实际上是捐献者动用更多资源获取稀缺口罩的努力。

企业经济利益与道德责任的融合层次（见图3-1）的逻辑思路还可以参考图3-2进行进一步解释。图3-2从道德诉求能力、成本收益角度对企业经济利益与社会责任的融合层次展开分析。基于利益相关者对企业提出道德诉求的能力、践行企业道德的成本与收益之差，构建企业经济行为与道德导向融合程度的四个层次（选择性合规、全面合规、基于利益的社会公益、基于道德的社会公益）。

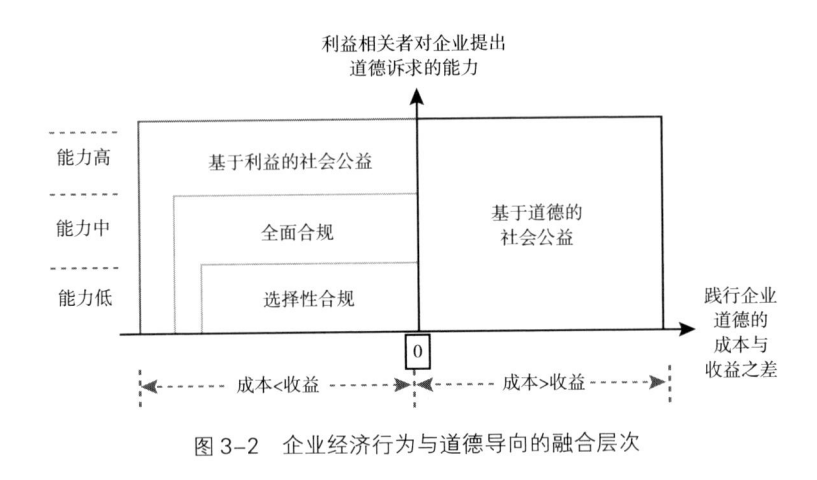

图 3-2 企业经济行为与道德导向的融合层次

"选择性合规"说明企业在某些方面违反了法律法规，属于污点企业。"全面合规"说明企业至少能够履行底线责任。"基于利益的社会公益""基于道德的社会公益"说明企业在底线责任的基础上承担了社会公益活动，均属于图 3-1 中的"公益慈善企业"。"基于利益的社会公益"代表企业在开展公益慈善活动时能够获取一定的企业利益。"基于道德的社会公益"表明企业在承担公益慈善责任时不会考虑成本收益，即使履行社会责任的成本大于收益，也会义无反顾地承担社会责任，为公众谋取福利。"基于利益的社会公益""基于道德的社会公益"在现实世界很难辨识，但均属于"公益慈善企业"的研究范畴。

图 3-1 采用已连续五年做慈善、已设立慈善基金会、荣登中国慈善榜进一步区分公益慈善企业的差异，实际上也是认为，当企业连续从事慈善活动、设立基金会或荣登捐赠榜时，该企业在"基于道德的社会公益"方面做得更好。相反，如果企业在慈善领域一曝十寒，没有设立基金会，在现金捐赠方面没有建树，则在一定程度上说明该企业的社会责任履行更偏向于"基于利益的社会公益"。需要强调的是，"基于利益的社会公益""基于道德的社会公益"太难区分，本书并不认为连续做慈善、设立基金会或荣登慈善榜是区分企业社会公益道德性或利益性的标准，只是认为连续做慈善、设立基金会或荣登慈善榜的企业在社会责任方面做得更好。

二 数据分析

本书以 2010~2020 年中国沪深主板 A 股上市公司为初选样本，依据以下条件对初选样本进行筛选：剔除关键变量有缺失的观测样本；剔除金融类上市公司；剔除 ST 类上市公司。最终得到的有效样本为 1996 家上市公司，共 17311 个观测值。

污点无善企业、底线无善企业、污点行善企业、公益慈善企业的划分每年均有变动，具体数据见表 3-2。公益慈善企业的数量最多，其次是污点行善企业。底线无善企业和污点无善企业的数量较少，但前者比后者在数量上略多。

表 3-2　各类企业的年度分布

单位：家，%

年份	公司类型	每类公司的数量	公司总数	每类公司数量占比
2010	底线无善	43	1334	3.22
2010	公益慈善	1062	1334	79.61
2010	污点无善	8	1334	0.60
2010	污点行善	221	1334	16.57
2011	底线无善	2	1363	0.15
2011	公益慈善	1151	1363	84.45
2011	污点行善	210	1363	15.41
2012	底线无善	2	1393	0.14
2012	公益慈善	1121	1393	80.47
2012	污点无善	1	1393	0.07
2012	污点行善	269	1393	19.31
2013	底线无善	2	1412	0.14
2013	公益慈善	1109	1412	78.54
2013	污点行善	301	1412	21.32
2014	底线无善	2	1416	0.14
2014	公益慈善	1115	1416	78.74
2014	污点行善	299	1416	21.12
2015	底线无善	2	1470	0.14
2015	公益慈善	1162	1470	79.05
2015	污点行善	306	1470	20.82
2016	底线无善	2	1542	0.13
2016	公益慈善	1160	1542	75.23
2016	污点行善	380	1542	24.64
2017	底线无善	2	1681	0.12
2017	公益慈善	1327	1681	78.94
2017	污点行善	352	1681	20.94
2018	底线无善	2	1866	0.11
2018	公益慈善	1558	1866	83.49
2018	污点行善	306	1866	16.40

续表

年份	公司类型	每类公司的数量	公司总数	每类公司数量占比
2019	底线无善	3	1914	0.16
2019	公益慈善	1604	1914	83.80
2019	污点无善	1	1914	0.05
2019	污点行善	306	1914	15.99
2020	底线无善	6	1920	0.31
2020	公益慈善	1747	1920	90.99
2020	污点行善	167	1920	8.70
总计		17311	—	—

资料来源：笔者依据CSMAR、Wind数据库数据整理。

本书划分企业是否行善的标准是华证ESG指数，因为该指数涵盖所有A股上市公司的评价，数据相对最全面。华证ESG指数是由上海华证指数信息服务有限公司推出的指数，涵盖环境（Environmental）、社会（Social）和治理（Governance）三个维度的评级结果，底层数据指标超过130个，评价全部A股上市公司每季度的ESG综合表现，从最高档（AAA）到最低档（C），共9个档。当某家上市公司没有ESG指数时，则其被认定为没有行善。由于华证ESG指数的数据缺失较少，所以本书界定的污点无善和底线无善企业的数量也较少，在有些年份甚至都没有这类公司。

表3-3和图3-3给出了2010~2020年污点无善企业、底线无善企业、污点行善企业、公益慈善企业的总体分布数据。依据本书的统计数据，在上市公司中，污点行善企业所占比重为18.01%，污点无善企业所占比重为0.06%，公益慈善企业所占比重为81.54%，底线无善企业所占比重为0.39%。

表 3-3 各类企业的总体分布

单位：家，%

公司类型	每类公司的总数量	每类公司数量占比
底线无善	68	0.39
公益慈善	14116	81.54
污点无善	10	0.06
污点行善	3117	18.01
总计	17311	100.00

资料来源：笔者依据 CSMAR、Wind 数据库数据整理。

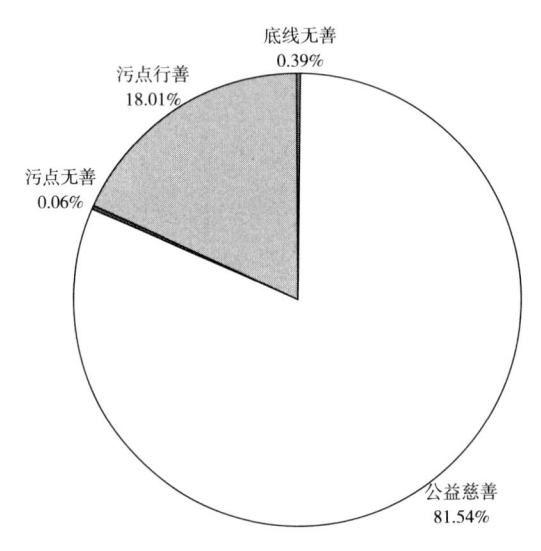

图 3-3 各类企业的总体分布

资料来源：笔者依据 CSMAR、Wind 数据库数据整理。

（一）企业连续慈善行为

如果企业停止承担社会责任，公众对企业的好印象将减弱（朱华伟等，2014）。依据预期理论，企业承担社会责任赢取公众的美誉度时，也提高了公众对企业社会责任行为的期望。当企业社会责任行为不再具有连续性时，自然会引发公众的失望与不满情绪。由表3-4和图3-4可知，22.55%的上市公司没有做到连续五年做慈善，存在"三天打鱼，两天晒网"的惰性；77.45%的上市公司能够做到连续五年做慈善。

表3-4 上市公司慈善行为的连续性

单位：家，%

上市公司分类	公司数量	公司数量占比
未连续五年做慈善	450	22.55%
连续五年做慈善	1546	77.45%
总计	1996	100.00%

资料来源：笔者依据CSMAR、Wind数据库数据整理。

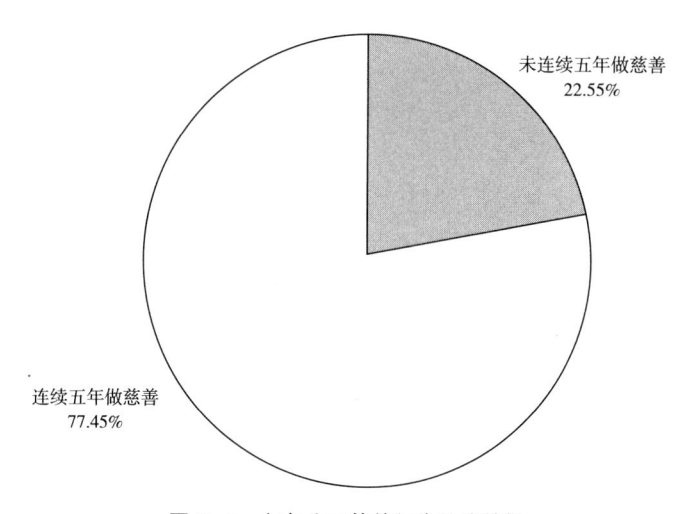

图3-4 上市公司慈善行为的连续性
资料来源：笔者依据CSMAR、Wind数据库数据整理。

(二) 企业基金会

1. 企业基金会研究概述

基金会将自然人、法人或其他组织捐赠的财产汇聚起来，集中用于公益慈善事业，具有独立法人资格。美国是基金会的发源地，其标志是1913年奥特曼企业基金会成立。此后，国外基金会开始蓬勃发展，同时，基金会在慈善事业中的地位愈加重要，影响更加广泛。1981年，新中国成立后成立了第一家基金会——中国儿童少年基金会，随后我国政策不断完善，基金会也迅速发展，主要经过了四个阶段。第一阶段：1981~1987年，处于起步阶段。基金会经历了从无到有的过程，关于基金会的运作管理尚无相关法规。第二阶段：1988~1996年，处于三重监管阶段。1988年，《基金会管理办法》出台，确立了三重监管制度，严格限制基金会发展。第三阶段：1997~2003年，处于清理、整顿阶段。1996年，中共中央办公厅、国务院办公厅联合下发《关于加强社会团体和民办非企业单位管理工作的通知》，开始对基金会进行清理、整顿，基金会发展处于停顿状态。第四阶段：2004年至今，快速发展阶段。2004年出台了《基金会管理条例》之后，基金会的内部治理和款项使用等都有了规范和依据。超九成基金会在2004年之后成立，基金会发展速度加快，社会影响力进一步提升。

随着基金会的蓬勃发展，企业承担社会责任的方式也从传统方式向基金会模式转型。企业承担社会责任的传统方式是由企业组织人力、物力和财力，为企业员工、顾客、供应商、股东等创造福利，保护环境，为社会创造更多价值。营利性企业倾向于通过履行社会责任，尤其是开展公益慈善活动，增强企业的合法性，赢得更多的公众美誉。

慈善活动的开展方式不仅包括直接实施捐赠计划,还包括捐赠善款设立基金会。随着经济社会的繁荣发展,越来越多的企业出资设立基金会承担社会责任。企业基金会是企业履行社会责任的非营利性机构,是由企业出资设立的慈善组织,为特定的公益目的而设立,其业务必须在公益范围内,且独立承担民事责任。企业基金会多为非公募基金会,资金主要来源于出资企业的捐赠。随着基金会的不断发展,基金会正在逐渐成为企业履行社会责任的重要方式（Porter and Kramer, 2011）。中国企业相继设立基金会,比如腾讯公益基金会、北京百度公益基金会、万科公益基金会等,推动了中国公益慈善事业的快速发展。

企业基金会是基金会的一种,其他类型的基金会还包括独立基金会、系统基金会、学校基金会、社区基金会、家族基金会和慈善会性质的基金会等。上市公司发起设立的基金会是特殊的企业基金会。上市公司公益基金会是由上市公司出资发起,并由上市公司作为主要捐赠人的从事公益慈善活动的独立法人（Petrovits, 2006）。我国最早的上市公司基金会——哈尔滨市百威英博城市发展基金会成立于2004年。2004年11月15日,四川美丰化工股份有限公司（股票代码：000731）发起设立四川美丰教育基金会。从此开启了上市公司基金会从事公益慈善活动的新时期。随着中国经济的发展,公民也开始逐渐关注企业社会责任。企业基金会在公司履行公益慈善责任中扮演着越来越重要的角色。尤其是2008年汶川大地震之后,越来越多的企业开始注册成立企业基金会,公益慈善基金会逐渐成为企业履行社会责任的一个重要平台。

企业发起设立基金会从事公益慈善活动具有组织优势。虽然企业是企业基金会的主要捐赠者,但基金会毕竟是面向全社会的公益组织，能够汇聚大量社会财富，需要聘任专业人员专门开展公益慈善活动，从事专业化和高效率的慈善行为。企业建立基金会，将公司的一部分利润投放到基金会中，由专职人员对资金进行运作和管理，开展慈善活动，发展公益事业，效率更高，取得的效果更佳。Godfrey（2005）认为，企业基金会更加注重公益慈善活动的专业化和长期性，能够更好地推动企业的慈善事业发展。

Rey-Garcia等（2018）对325家代表性基金会进行调查，发现在其他条件相同的情况下，企业基金会能够以较低的人力和资金投入，最大限度地为慈善提供资源。Gehringer（2020）的研究表明，公司基金会不仅可以作为企业慈善基金的金融中介，也可以作为合伙经纪人，为企业实现可持续发展目标做出贡献。陈秀峰和李莉（2008）认为，企业基金会有助于提升企业社会形象，还可以降低赋税水平，促进社区发展，对企业和社会而言是双赢的选择。从财税角度考虑，企业设立基金会之后，在法律规定的范围内可以抵扣部分所得税，达到税收减免的效果（Sansing and Yetman，2005）。运作良好的企业基金会能为企业"打广告"，有效提升企业的形象和知名度。Minciullo和Pedrini（2020）的研究发现，公司基金会及其创始公司之间的协调和官僚控制机制的实施能够给董事会提供更多的信息，并导致更高的董事会参与，从而最大限度地减少代理问题，促进组织效率提升。从企业内部价值来看，通过设立基金会，企业可以利用公益项目凝聚员工士气，提升员工的认同感，进而提高员工工作的积极性，促进企业经济效益的提升。

慈善捐款是慈善组织正常运行的前提和基础。政府针对慈善组织建立的等级评价制度能够有效改善慈善市场的信息不对称问题，提高信息透明度，是政府有效监管慈善市场并引导社会资源流向，实现资源有效配置的重要举措。胡波（2017）发现，基金会若能在政府基金会等级评估中获得3A级以上的评定，则能够向社会公众传递有效信号，提升其在慈善市场中的声誉，从而更具竞争力，吸引更多的慈善资金流入；同时，民间组织对基金会的评定也会对基金会的声誉产生影响，进而影响基金会的捐赠收入。陈丽红等（2015）认为，基金会综合运营效率的会计信息越好，越能吸引更多捐赠。媒体监督是基金会的有效外部治理机制，能够引导资源合理配置，缓解委托代理问题。李晗等（2015）研究发现，在基金会受到媒体负面报道后，基金会外部的捐赠收入会下降，基金会内部的业务活动成本率会提高。慈善组织的筹资费用率会对捐赠人的捐赠决策产生影响。Okten和Weisbrod（2000）指出，慈善组织的筹资费用率越高，组织用于开展公益性活动的资金就越少，导致组织对善款的利用率降低，从而不能有效吸引捐赠者对慈善组织进行捐款。独立审计能有效降低代理成本，陈丽红等（2015）认为，基金会聘请高质量的审计师能降低代理成本并具有信号作用，显著增加基金会捐赠收入。

2. 上市公司基金会概况

依据基金会中心网的统计数据，截至2020年底，我国企业基金会的数量达到1249家，其中，A股上市公司基金会105家，非金融企业出资设立的基金会92家。虽然A股上市公司基金会的数量不多，但资产规模达到82.3亿元，平均捐赠收入为2569万元，远高于全体基金会的平均水平1289万元。而且，17%的上市公司基金会为大型基金会，而在全体基金会中，大型基金会的占比仅为6%。泛海公益基金会、神华公益基金会、紫金矿业慈善基金会等的原始基金规模均达到 2 亿元。依据中国研究数据服务平台（CNRDS）的数据统计，万科公益基金会的年均公益事业支出达到 3614 万元，在上市公司公益基金会年均公益支出中排名第十。排名第一的国家能源集团公益基金会，年均公益支出达到 2.39 亿元。上市公司公益基金会在公益慈善领域持续耕耘，取得了一定的成绩。比如，南航"十分"关爱基金会"十分"关爱助学志愿行动荣获中央企业首批 10 个重点志愿服务品牌之一；华润慈善基金被国家民政部授予"全国先进社会组织"荣誉称号。

本书以 92 家上市公司基金会为样本，从地区分布、是否为慈善组织、是否取得公益性捐赠税前扣除资格、注册资金、业务主管单位、登记管理机关等方面，对上市公司基金会进行概述。本书认为，上市公司基金会具有组织优势，能够专业化、高效率地从事公益慈善工作，是度量企业经济利益与社会责任融合程度的一个重要方面。

（1）上市公司基金会的地区分布

上市公司基金会具有地域差异，主要分布在广东、北京、上海等发达地区。广东的上市公司基金会数量最多，占比达到 26.09%；北京注册成立的上市公司基金会数量位居第二，占比为 23.91%；上海的上市公司基金会数量位居第三，占比为 10.87%；福建上市公司基金会的数量占比为 4.35%；浙江、山西、山东、江苏、湖南、湖北的上市公司基金会的数量占比相同，均为 3.26%；其余地区的上市公司基金会数量合计占 15.22%（见表 3-5 和图 3-5）。

第三章　企业经济利益与社会责任融合的理论框架与分析 | 079

表 3-5　上市公司基金会的地区分布

单位：家，%

基金会所在地区	基金会数量	基金会数量占比
浙江	3	3.26
山西	3	3.26
山东	3	3.26
江苏	3	3.26
湖南	3	3.26
湖北	3	3.26
福建	4	4.35
上海	10	10.87
其他地区	14	15.22
北京	22	23.91
广东	24	26.09
总计	92	100.00

资料来源：笔者依据基金会中心网、中国研究数据服务平台（CNRDS）、基金会官网、中国社会组织政务服务平台等的数据整理。

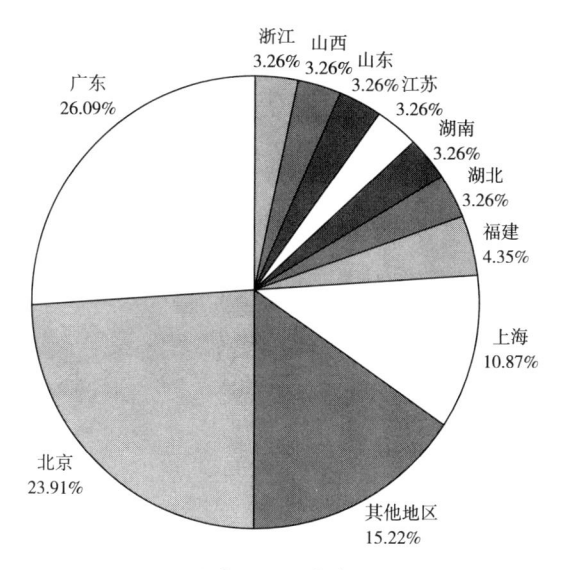

图 3-5　上市公司基金会的地区分布

资料来源：笔者依据基金会中心网、中国研究数据服务平台（CNRDS）、基金会官网、中国社会组织政务服务平台等的数据整理。

（2）基金会是否为慈善组织

根据《慈善法》，设立慈善组织，应向县级以上人民政府民政部门申请登记。慈善组织须符合下列条件：以开展慈善活动为宗旨；不以营利为目的；有自己的名称和住所；有组织章程；有必要的财产；有符合条件的组织机构和负责人；法律、行政法规规定的其他条件。《慈善组织公开募捐管理办法》第九条规定：《慈善法》公布前登记设立的公募基金会，凭其标明慈善组织属性的登记证书向登记的民政部门申领公开募捐资格证书。其他社会组织已经认定为慈善组织满两年的，可以申请公开募捐资格。34.78%的上市公司基金会是慈善组织，65.22%的上市公司基金会不是慈善组织（见表3-6）。

表3-6 基金会是否为慈善组织

单位：家，%

基金会类别	基金会数量	基金会数量占比
非慈善组织	60	65.22
慈善组织	32	34.78
总计	92	100.00

资料来源：笔者依据基金会中心网、中国研究数据服务平台（CNRDS）、基金会官网、中国社会组织政务服务平台等的数据整理。

（3）基金全是否取得公益性捐赠税前扣除资格

70.65%的上市公司基金会没有取得公益性捐赠税前扣除资格，只有29.35%的上市公司基金会取得了公益性捐赠税前扣除资格（见表3-7和图3-6）。

第三章 企业经济利益与社会责任融合的理论框架与分析 | 081

表 3-7 基金会是否取得公益性捐赠税前扣除资格

单位：家，%

基金会类别	基金会数量	基金会数量占比
未取得扣除资格	65	70.65
取得扣除资格	27	29.35
总计	92	100.00

资料来源：笔者依据基金会中心网、中国研究数据服务平台（CNRDS）、基金会官网、中国社会组织政务服务平台等的数据整理。

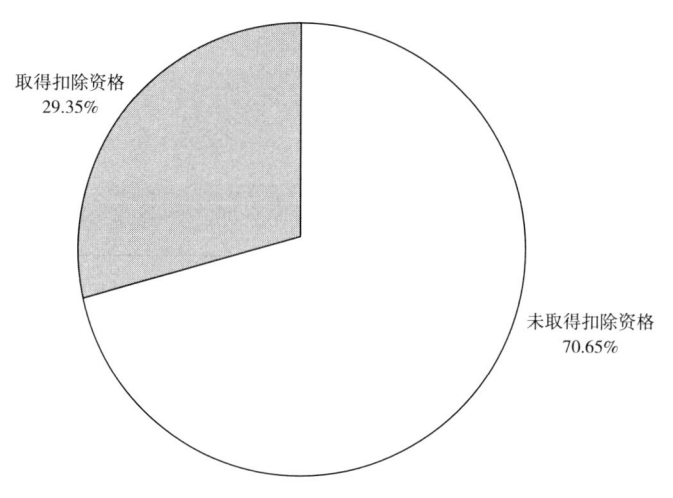

图 3-6 基金会是否取得公益性捐赠税前扣除资格

资料来源：笔者依据基金会中心网、中国研究数据服务平台（CNRDS）、基金会官网、中国社会组织政务服务平台等的数据整理。

（4）基金会注册资金

注册资金是基金会的原始基金，在一定程度上代表基金会的规模。全国性公募基金会的原始基金不低于800万元人民币，到民政部申请设立的非公募基金会原始基金不低于2000万元人民币；地方性公募基金会的原始基金不低于400万元人民币。由表3-8和图3-7可知，注册资金在500万元及以下的上市公司基金会数量占比为 40.22%；注册资金在 1000 万元至 2000 万元的上市公司基金会数量占比为 14.13%；注册资金为 2000 万元的上市公司基金会数量占比为 14.13%；注册资金在 2000 万元至 5000 万元的上市公司基金会数量占比为 5.43%；注册资金为 5000 万元的上市公司基金会数量占比为 18.48%；注册资金达到 1 亿元的上市公司基金会数量占比为 2.17%；注册资金达到 2 亿元的上市公司基金会数量占比为 3.26%；上市公司基金会注册资金最高可达到 3 亿元，数量占比为 2.17%。

表 3-8 基金会注册资金分布

单位：家，%

基金会注册资金	基金会数量	基金会数量占比
500 万元及以下	37	40.22
1000 万元至 2000 万元	13	14.13
2000 万元	13	14.13
2000 万元至 5000 万元	5	5.43
5000 万元	17	18.48
1 亿元	2	2.17
2 亿元	3	3.26
3 亿元	2	2.17
总计	92	100.00

资料来源：笔者依据基金会中心网、中国研究数据服务平台（CNRDS）、基金会官网、中国社会组织政务服务平台等的数据整理。

（5）基金会业务主管单位

3.26% 的上市公司基金会由中央统战部作为业务主管单位。2.17% 的上市公司基金会由教育部作为业务主管单位。17.39% 的上市公司基金会由民政部作为业务主管单位。绝大部分上市公司基金会的业务主管单位为地方政府的相应机构。50.00% 的上市公司基金

图 3-7 基金会注册资金分布

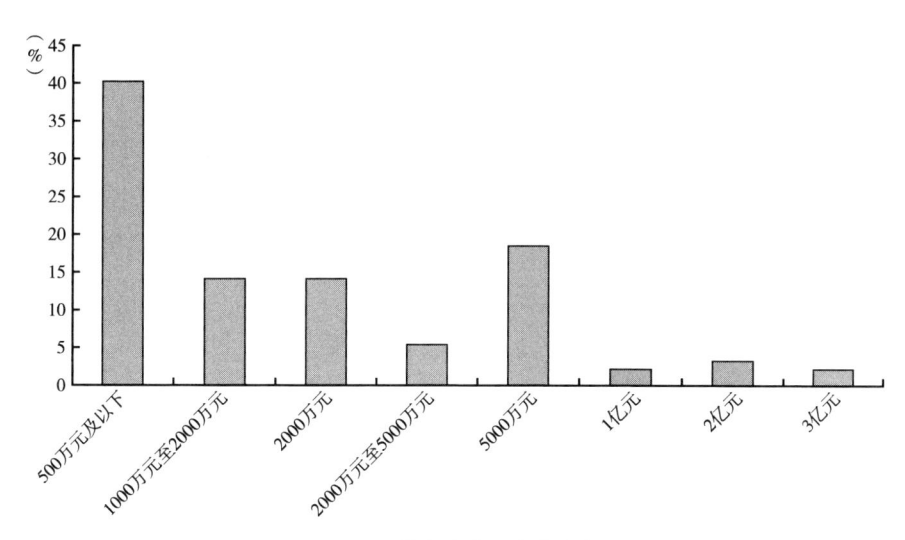

资料来源：笔者依据基金会中心网、中国研究数据服务平台（CNRDS）、基金会官网、中国社会组织政务服务平台等的数据整理。

会由地方民政部门作为业务主管单位。27.17%的上市公司基金会由地方非民政部门作为业务主管单位，比如上海市金融服务办公室、山西省国资委、广东省科学技术厅、中国证监会福建监管局、常熟市慈善总会、北京市科学技术协会等（见表3-9和图3-8）。

表 3-9 基金会业务主管单位分布

单位：家，%

业务主管单位	基金会数量	基金会数量占比
中央统战部	3	3.26
教育部	2	2.17
民政部	16	17.39
地方民政部门	46	50.00
地方非民政部门	25	27.17
总计	92	100.00

资料来源：笔者依据基金会中心网、中国研究数据服务平台（CNRDS）、基金会官网、中国社会组织政务服务平台等的数据整理。

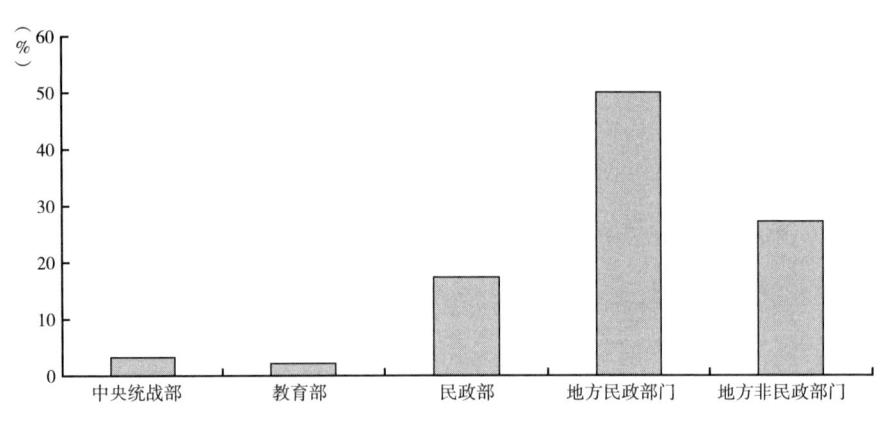

图 3-8　基金会业务主管单位分布

资料来源：笔者依据基金会中心网、中国研究数据服务平台（CNRDS）、基金会官网、中国社会组织政务服务平台等的数据整理。

（6）基金会登记管理机关

依据《基金会年度检查办法》，基金会应于每年 3 月 31 日前向登记管理机关报送经业务主管单位审查同意的上一年度的年度工作报告，接受登记管理机关检查。年度工作报告的内容应当包括：财务会计报告，注册会计师审计报告，开展募捐、接受捐赠、提供资助等活动的情况，人员和机构的变动情况，等等。27.17% 的上市公司基金会由民政部作为登记管理机关；72.83% 的上市公司基金会由地方民政部门作为登记管理机关（见表 3-10 和图 3-9）。

表 3-10　基金会登记管理机关分布

单位：家，%

登记管理机关	基金会数量	基金会数量占比
民政部	25	27.17
地方民政部门	67	72.83
总计	92	100.00

资料来源：笔者依据基金会中心网、中国研究数据服务平台（CNRDS）、基金会官网、中国社会组织政务服务平台等的数据整理。

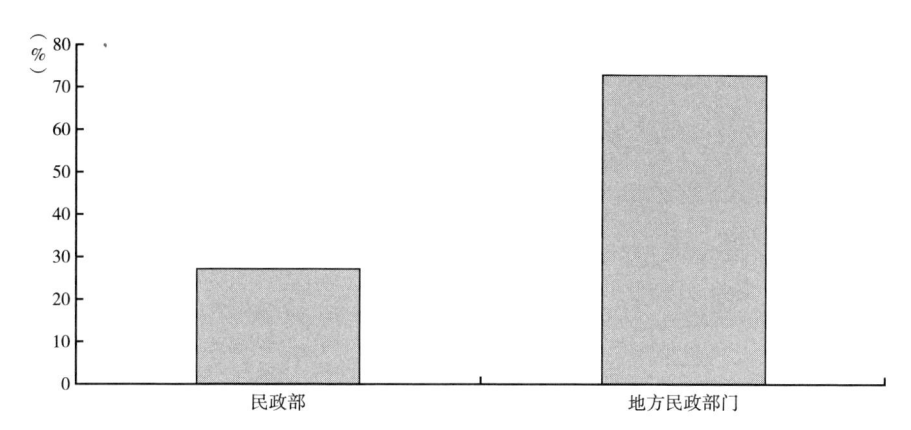

图 3-9　基金会登记管理机关分布

资料来源：笔者依据基金会中心网、中国研究数据服务平台（CNRDS）、基金会官网、中国社会组织政务服务平台等的数据整理。

（7）基金会宗旨

《基金会管理条例》指出，基金会章程应当载明基金会设立宗旨和公益活动的业务范围。84.78%的基金会章程中明确提出了基金会的设立宗旨。但是，仍有15.22%的上市公司基金会没有披露基金会宗旨（见表3-11和图3-10）。

表 3-11　基金会是否有明确宗旨

单位：家，%

是否有明确的宗旨	基金会数量	基金会数量占比
是	78	84.78
否	14	15.22
总计	92	100.00

资料来源：笔者依据基金会中心网、中国研究数据服务平台（CNRDS）、基金会官网、中国社会组织政务服务平台等的数据整理。

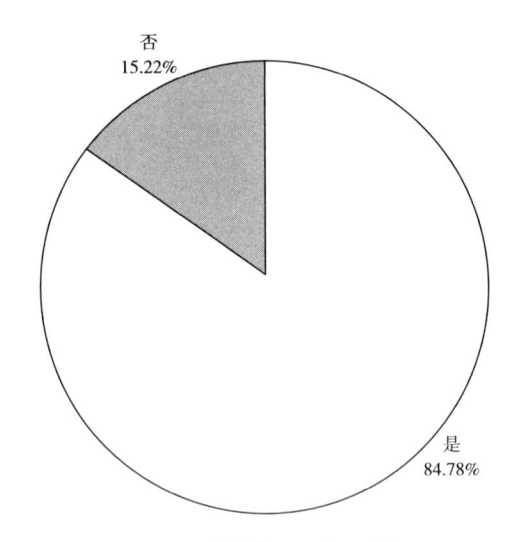

图 3-10　基金会是否有明确宗旨

资料来源：笔者依据基金会中心网、中国研究数据服务平台（CNRDS）、基金会官网、中国社会组织政务服务平台等的数据整理。

（8）基金会的关注领域

60.87%的上市公司基金会关注教育领域，占比最高。其次是扶贫助困，有44.57%的上市公司基金会热衷于扶贫方面的慈善工作。30.43%的上市公司基金会关注安全救灾，数量占比位居第三。26.09%的上市公司基金会关注环境方面的慈善工作。上市公司基金会关注的领域还包括残疾（占比7.61%）、创业就业（占比3.26%）、儿童（占比3.26%）、公共安全（占比4.35%）、公益事业发展（占比4.35%）、国际事务（占比1.09%）、科学研究（占比9.78%）、老年人（占比4.35%）、青少年（占比1.09%）、三农（占比7.61%）、社区发展（占比3.26%）、卫生保健（占比4.35%）、文化（占比14.13%）、心理健康（占比1.09%）、医疗救助（占比13.04%）、艺术（占比7.61%）。需要说明的是，表3-12中基金会关注领域分布的所有百分比加总超过了100%，是因为很多上市公司基金会关注多个领域，很少有上市公司基金会仅关注一个领域。对于关注多个领域的上市公司基金会的统计是重复的（见表3-12和图3-11）。

表3-12 基金会的关注领域分布

单位：家，%

基金会关注领域	基金会数量	基金会数量占比
安全救灾	28	30.43
残疾	7	7.61
创业就业	3	3.26
儿童	3	3.26
扶贫助困	41	44.57
公共安全	4	4.35
公益事业发展	4	4.35
国际事务	1	1.09
环境	24	26.09
教育	56	60.87
科学研究	9	9.78
老年人	4	4.35
青少年	1	1.09
三农	7	7.61
社区发展	3	3.26
卫生保健	4	4.35
文化	13	14.13
心理健康	1	1.09
医疗救助	12	13.04
艺术	7	7.61

资料来源：笔者依据基金会中心网、中国研究数据服务平台（CNRDS）、基金会官网、中国社会组织政务服务平台等的数据整理。

图 3-11 基金会的关注领域分布

资料来源：笔者依据基金会中心网、中国研究数据服务平台（CNRDS）、基金会官网、中国社会组织政务服务平台等的数据整理。

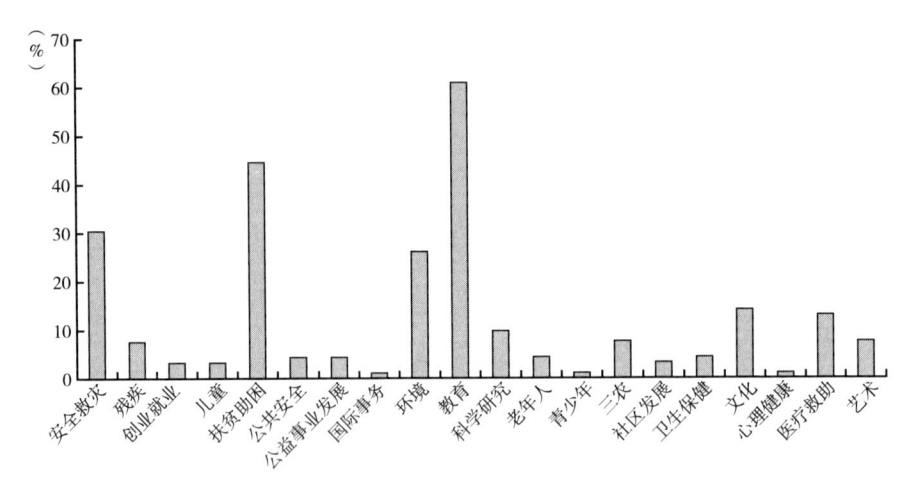

（9）基金会员工人数

上市公司基金会聘任的员工人数较少（见表3-13和图3-12）。员工人数最多的为12人，有2.17%的上市公司基金会聘任了12名员工。只有1名员工的上市公司基金会的数量占比达到23.91%。14.13%的上市公司基金会聘任了2名员工。29.35%的上市公司基金会聘任了3名员工。4~8人规模的上市公司基金会数量占比分别为8.70%、4.35%、2.17%、6.52%、8.70%。总体而言，上市公司基金会工作人员的数量不多。而且，《基金会管理条例》规定，基金会工作人员工资福利和行政办公支出不得超过当年总支出的10%。

表 3-13 基金会员工人数

单位：家，%

基金会员工人数	基金会数量	基金会数量占比
1人	22	23.91
2人	13	14.13
3人	27	29.35

续表

基金会员工人数	基金会数量	基金会数量占比
4人	8	8.70
5人	4	4.35
6人	2	2.17
7人	6	6.52
8人	8	8.70
12人	2	2.17
总计	92	100.00

资料来源：笔者依据基金会中心网、中国研究数据服务平台（CNRDS）、基金会官网、中国社会组织政务服务平台等的数据整理。

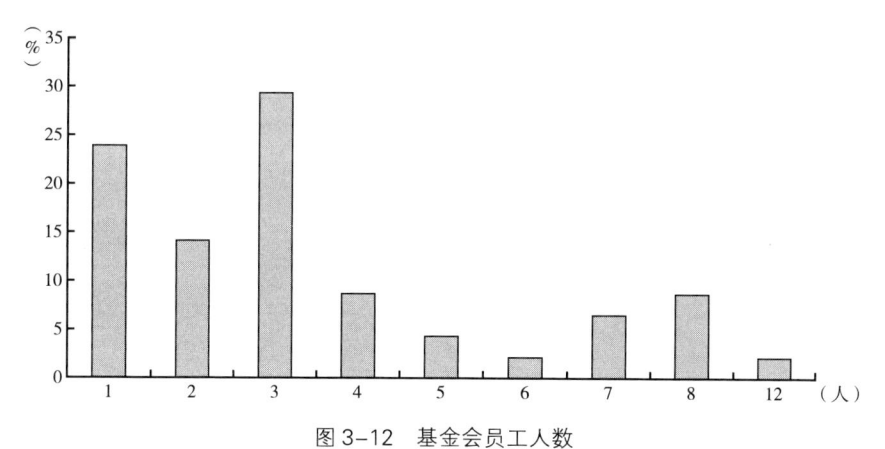

图3-12 基金会员工人数

资料来源：笔者依据基金会中心网、中国研究数据服务平台（CNRDS）、基金会官网、中国社会组织政务服务平台等的数据整理。

（10）基金会志愿者人数

上市公司基金会招募志愿者加入公益慈善活动中。由表3-14和图3-13可知，43.48%的上市公司基金会并未披露志愿者数量信息。18.48%的上市公司基金会招募的志愿者在10人以下。7.61%的上市公司基金会招募志愿者10人至50人。5.43%的上市公司基金会招募志愿者200人至300人。总体而言，绝大多数上市公司基金会招募的志愿者数量不多。

表3-14 基金会志愿者人数

单位：家，%

志愿者数量	基金会数量	基金会数量占比
10人以下	17	18.48
10人	3	3.26
10人至50人	7	7.61
50人	1	1.09
50人至100人	3	3.26
100人	2	2.17
100人至200人	2	2.17
200人	1	1.09
200人至300人	5	5.43
300人	1	1.09
400人	1	1.09
969人	2	2.17
1000人	2	2.17
1138人	1	1.09
1482人	1	1.09
1650人	1	1.09
2100人	1	1.09
20000人	1	1.09
未披露	40	43.48
总计	92	100.00

资料来源：笔者依据基金会中心网、中国研究数据服务平台（CNRDS）、基金会官网、中国社会组织政务服务平台等的数据整理。

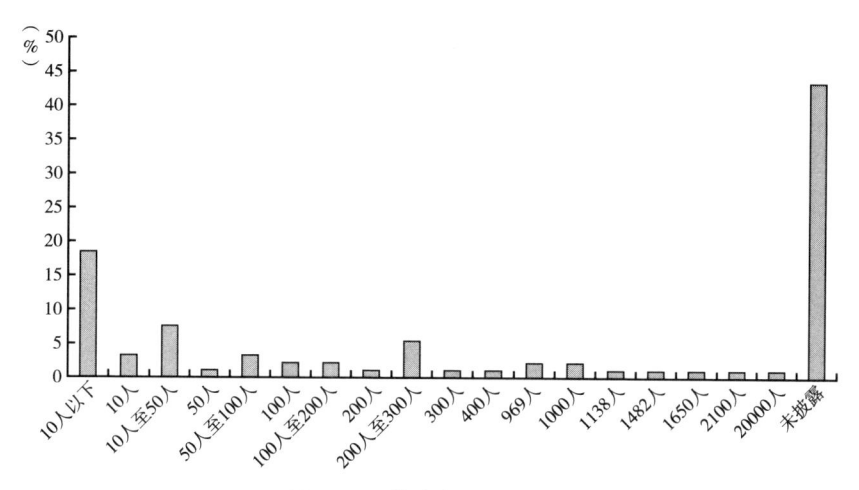

图 3-13　基金会志愿者人数

资料来源：笔者依据基金会中心网、中国研究数据服务平台（CNRDS）、基金会官网、中国社会组织政务服务平台等的数据整理。

（11）基金会等级

社会组织等级评估指，社会组织登记管理机关依照规范的方法和程序，根据评估标准，对社会组织进行全面、客观的评估，并给出评估等级。社会组织登记管理机关依照评估标准对基金会的基础条件、内部治理、工作绩效和社会评价进行综合评估，评估等级由高至低依次为 5A、4A、3A、2A、1A。获得评估等级的社会组织在开展对外活动和宣传时，可以将评估等级证书作为信誉证明出示。由表 3-15 和图 3-14 可知，40.22% 的上市公司基金会没有披露基金会等级信息。获得 5A 级评级的上市公司基金会占比为 13.04%。16.30% 的上市公司基金会获得 4A 级评级。30.43% 的上市公司基金会获得 3A 级评级。总体而言，获得 5A 级评级的上市公司基金会数量并不多，上市公司基金会质量有待进一步提升。

表 3-15　基金会等级分布

单位：家，%

基金会等级	基金会数量	基金会数量占比
5A 级	12	13.04
4A 级	15	16.30
3A 级	28	30.43
未披露	37	40.22
总计	92	100.00

资料来源：笔者依据基金会中心网、中国研究数据服务平台（CNRDS）、基金会官网、中国社会组织政务服务平台等的数据整理。

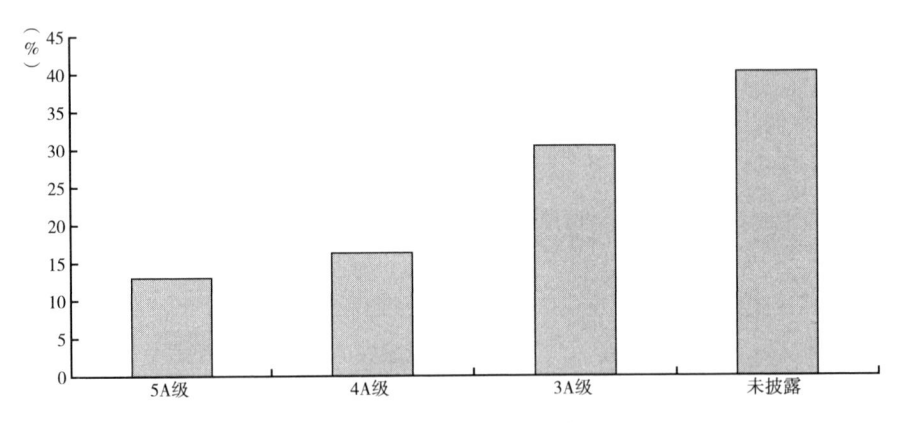

图 3-14　基金会等级分布

资料来源：笔者依据基金会中心网、中国研究数据服务平台（CNRDS）、基金会官网、中国社会组织政务服务平台等的数据整理。

（三）中国慈善榜

福布斯中国慈善榜由全球知名财经媒体《福布斯》中文版发布，榜单调研对象为在中国运营或者主要业务在中国地区的企业及企业家，根据每一年企业/企业家对慈善公益事业的现金捐赠，将企业家及其管理企业的捐赠合并计入捐赠总额。由表 3-16 和图 3-15 可知，

2010~2020年，共有103家上市公司荣登福布斯中国慈善榜，占比5.16%。其中，60.78%的上市公司只荣登过一次福布斯中国慈善榜，39.22%的上市公司至少两次荣登福布斯中国慈善榜。多次荣登福布斯中国慈善榜的企业包括泛海控股、复星医药、美的集团、宝丰集团等。

表3-16 上市公司在中国慈善榜的上榜情况

单位：家，%

企业类别	企业数量	企业数量占比
未在中国慈善榜	1893	94.84
荣登中国慈善榜	103	5.16
总计	1996	100.00

资料来源：《福布斯》中文版。

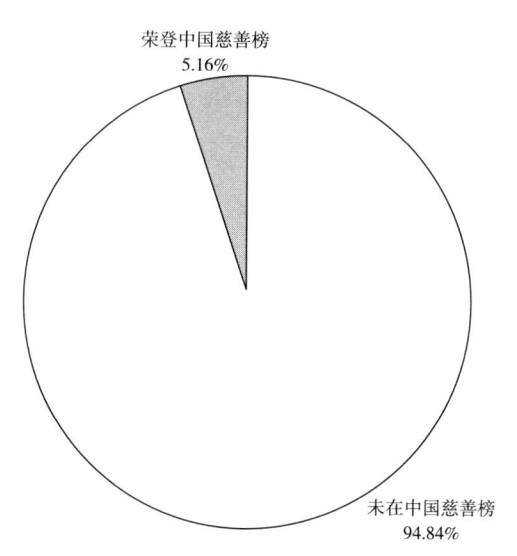

图3-15 上市公司在中国慈善榜的上榜情况
资料来源：《福布斯》中文版。

第三节　企业经济利益与社会责任融合规模的理论与数据分析

企业经济利益与社会责任之间的关系，从严格意义上来讲，具有内生性。一方面，企业履行社会责任可能对企业获取的经济利益产生影响；另一方面，企业经济利益获取的程度又决定着企业社会责任的履行水平。企业经济利益与社会责任的反向因果关系，使得企业经济利益与社会责任在企业内部相互影响、相辅相成。

企业经济利益与社会责任的融合规模越大，意味着企业在经济利益获取与社会责任承担方面做得越好。不管企业经济利益与社会责任之间如何相互作用与影响，在年度终结时，企业获取的经济利益体现在公司的财务报表中，已经承担的社会责任被各级各类社会责任评级机构所评价。基于上述逻辑，本书直接从结果入手，度量一家企业经济利益与社会责任的综合水平。

企业经济利益与社会责任的融合规模（$SCEPS2$、$SCEPS3$、$SCEPS4$）度量企业赚取经济利益的同时承担社会责任的程度。企业经济利益用净资产收益率反映，企业社会责任采用和讯社会责任评级、华证 ESG 评级和润灵环球责任评级反映。①和讯上市公司社会责任报告评级体系从股东责任，供应商、客户和消费者权益责任，员工责任，环境责任，社会责任五个维度，区分行业设置权重，评价上市公司社会责任履行情况。②华证 ESG 评级涵盖环境（Environmental）、社会（Social）和治理（Governance）三个维度的评级结果，基于 AI 驱动的大数据引擎，集成上市公司公开披露数据、国家监管部门公告以及新闻媒体报道等数据，构建的底层数据指标超过130个，依据指标得分和权重矩阵，评价全部A股上市公司每季度的ESG综合表现，从最高档（AAA）到最低档（C），共9个档。③润灵环球责任评级采用结构化专家打分法，从整体性、内容性、技术性、行业性四个零级指标出发，对A股上市公司的社会责任进行综合评价。

$SCEPS2$ 为数值变量，反映企业和讯社会责任评级与净资产收益率的综合排名，以反映企业经济利益与社会责任的融合规模。$SCEPS2= N2/N1+ N4/N3$，具体衡量方式如下。首先，将上市公司和讯社会责任评级总评分升序排列，每个上市公司的社会责任质量都按照名次除以公司总数进行赋值。比如，将所有上市公司（总数为$N1$）和讯社会责任评级总评分升序排列后，A公司排在第$N2$位，则A公司的社会责任质量赋值为$N2/N1$。其次，将上市公司的净资产收益率升序排列，每个上市公司获得的经济利益都按照名次除以公司总数进行赋值。比如，将所有上市公司（总数为$N3$）的净资产收益率升序排列后，A公司排在第$N4$位，则A公司的社会责任质量赋值为$N4/N3$。$SCEPS2$ 的数值越大，表明企业经济利益与社会责任的融合规模越大。

$SCEPS3$ 为数值变量，反映企业华证ESG评级与净资产收益率的综合排名，以反映企业经济利益与社会责任的融合规模。$SCEPS3= N6/9+ N8/N7$，具体衡量方式如下。首先，将上市公司华证ESG评级总评分升序排列，每个上市公司的社会责任质量都按照名次除以社会责任评级总档数进行赋值。比如，将所有上市公司华证ESG评级总评分升序排列后，A公司排在第$N6$位（$N6$的取值为1~9），则A公司的社会责任质量赋值为$N6/9$。其次，将上市公司的净资产收益率升序排列，每个上市公司获得的经济利益都按照名次除以公司总数进行赋值。比如，将所有上市公司（总数为 $N7$）的净资产收益率升序排列后，A 公司排在第 $N8$ 位，则 A 公司的社会责任质量赋值为 $N8/N7$。$SCEPS3$ 的数值越大，表明企业经济利益与社会责任的融合规模越大。

$SCEPS4$ 为数值变量，反映企业润灵环球责任评级与净资产收益率的综合排名，以反映企业经济利益与社会责任的融合规模。$SCEPS4= N10/N9+ N12/N11$，具体衡量方式如下。首先，将上市公司润灵环球责任评级总评分升序排列，每个上市公司的社会责任质量都按照名次除以公司总数进行赋值。比如，将所有上市公司（总数为 $N9$）润灵环球责任评级总评分升序排列后，A 公司排在第 $N10$ 位，则 A 公司的社会责任质量赋值为 $N10/N9$。其次，将上市公司的净资产收益率升序排列，每个上市公司获得的经济利益都按照名次除以公司总数进行赋值。比如，将所有上市公司（总数为 $N11$）的净资产收益率升序排列后，A 公司排在第 $N12$ 位，则 A 公司的社会责任质量赋值为 $N12/N11$。$SCEPS4$ 的数值越大，表明企业经济利益与社会责任的融合规模越大。

表 3-17 和图 3-16 给出了企业经济利益与社会责任融合规模的年度均值。2010~2020 年，企业经济利益与社会责任融合规模（$SCEPS2$、$SCEPS3$、$SCEPS4$）总体呈现上升趋势。$SCEPS2$ 的变动幅度较小，$SCEPS3$、$SCEPS4$ 的变动幅度稍大。从上市公司整体来看，企业经济利益与社会责任融合规模的增长幅度不大，总体处于相对稳定的慢增长状态，还存在小幅度的反弹。统计结果表明，上市公司经济利益与社会责任的融合规模并不理想。

表 3-17　企业经济利益与社会责任融合规模的年度均值

年份	SCEPS2	SCEPS3	SCEPS4
2010	0.965	0.718	0.670
2011	0.973	0.732	0.736
2012	0.983	0.797	0.746
2013	0.996	0.818	0.763
2014	0.992	0.840	0.786
2015	0.993	0.846	0.788
2016	0.997	0.851	0.788
2017	0.994	0.857	0.782
2018	0.994	0.852	0.770
2019	0.984	0.861	0.779
2020	0.987	0.868	—

资料来源：笔者依据 CSMAR、Wind、CNRDS、基金会中心网、中国社会组织政务服务平台等的数据整理。

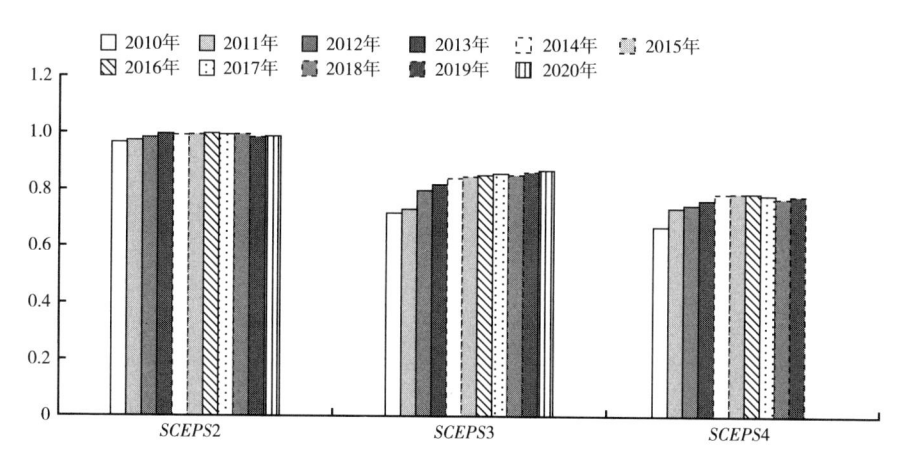

图 3-16　企业经济利益与社会责任融合规模的年度均值变化趋势
资料来源：笔者依据 CSMAR、Wind、CNRDS、基金会中心网、中国社会组织政务服务平台等的数据整理。

第四章
企业经济利益与社会责任的融合机制研究：基于《慈善法》与管理层远见力的实证分析

第一节 引言

企业社会责任思想源于亚当·斯密（Adam Smith）的"看不见的手"。如果企业能尽可能高效率地使用资源，为社会供给其所需要的产品和服务，并以消费者愿意支付的价格进行销售，企业就尽到了自己的社会责任。关于企业社会责任概念的提出，诸多学者众说纷纭。李国平和韦晓茜（2014）认为，1924年Sheldon率先提出"企业社会责任"（Corporate Social Responsibility，CSR）的概念。在学术界，学者们一般认为Bowen（1953）最早系统性地对社会责任进行定义。Bowen（1953）指出，商人的社会责任是商人有义务按照社会的目标和价值观去制定方案并执行。

在社会责任提出早期，学者们对社会责任和经济责任的关系存在较大的争议，争议的关键点是二者为并列关系还是从属关系。从狭义上定义社会责任概念的学者认为，经济责任与社会责任是并列关系。例如，Manne 和 Wallich（1972）提出社会责任是经济和法律责任之外的自主行为；Davis（1960）认为企业社会责任是超出基本经济利益和法律要求的行动和措施。从广义上定义社会责任概念的学者认为，经济责任从属于社会责任，经济责任是社会责任的一部分。例如，Carroll（1991）提出企业社会责任金字塔模型，认为企业社会责任从底层到高层依次为经济责任、法律责任、道德责任和慈善责任。

狭义和广义社会责任定义的主要分歧是，"股东和其他利益相关者的地位是否平等"。狭义定义认为，股东的地位优先于其他利益相关者，因此，企业只有在达到了股东利益要求后才可能会考虑其他利益相关者的利益。企业是社会的一部分，企业发展离不开股东之外其他利益相关者的支持。Sternberg（2009）认为，企业社会责任与股东利益并不冲突，实质上是超越了股东利益的局限。显然，广义定义的企业社会责任与企业的管理实践更贴近，更符合当前社会的认知。履行社会责任和盈利并不冲突，企业应将履行社会责任转变成发展的契机。Carroll 和 Shabana（2010）提出，1980 年之后，鲜有学者对企业社会责任的定义提出创新性的解释，原因是学者们更多地关注企业社会责任的实证研究等内容。

不管是社会责任的狭义视角，还是广义视角，都不反对企业经济利益与社会责任的融合。企业在追逐经济利益的同时，更好地回馈社会，更好地承担社会责任，对于企业自身的长远发展以及经济社会的良性发展均具有重要意义。然而，企业经济利益与社会责任的融合并不容易，在营造良好社会环境的同时，还须针对企业进行制度设计以确保企业有意愿承担社会责任。本书基于社会嵌入理论，从政治嵌入视角选择2016年实施的《慈善法》，并辅以企业意志性视角的管理层远见力，开展如下研究。第一，《慈善法》、管理层远见力对企业经济利益与社会责任融合程度的影响研究。选择《慈善法》颁布这一政策环境，基于文本分析法从公司年报管理层讨论与分析部分抽取"长期时间窗口"词语，并用总词频占比衡量管理层远见力，采用双重差分法开展准自然实验，探究管理层短视组（对照组）与管理层远见组（处理组）在《慈善法》实施前后，呈现出的企业经济利益与社会责任融合的差异。第二，文明城市的差异效应。基于中央文明办等公布的六批全国文明城市数据，探究《慈善法》、管理层远见力影响下的企业经济利益与社会责任融合程度是否因上市公司在文明城市而产生差异性。

第二节　理论基础与研究假设

中国慈善事业非均衡和非典型的发展模式，导致慈善捐赠水平不高，以及摊派性募捐和投机性捐赠的普遍存在，再加上政府对慈善组织的选择性激励，进一步造成慈善组织透明度较低、公信力不足等问题（张奇林，2016）。善款捐赠者、慈善组织和政府作为慈善的供给主体，是慈善事业持续发展的重要推动力。政府主导的法治是慈善事业最重要的环境，是保证慈善事业健康持续发展的基础（张奇林，2016）。

第四章 企业经济利益与社会责任的融合机制研究：基于《慈善法》与管理层远见力的实证分析

2016年3月16日，《慈善法》在全国人民代表大会上表决通过，于2016年9月1日起正式施行，是我国慈善领域最重要的法律制度。与《慈善法》密切相关的政策文件包括：中共中央办公厅、国务院办公厅发布的《关于改革社会组织管理制度 促进社会组织健康有序发展的意见》；国务院发布的《基金会管理条例》《社会团体登记管理条例》《民办非企业单位登记管理暂行条例》；民政部发布的《慈善组织认定办法》《慈善组织公开募捐管理办法》《慈善组织信息公开办法》；民政部、财政部、国家税务总局发布的《关于慈善组织开展慈善活动年度支出和管理费用的规定》；地方政府出台的政府规章；等等（章高荣，2018）。

《慈善法》对慈善行为、慈善活动、慈善参与者之间的关系进行规范和调节，是慈善事业管理体制的优化，在慈善信息公开、慈善行为规范以及慈善监管责任方面提供了坚实的制度保障，对于推动中国慈善事业的健康发展具有重要意义（张奇林，2016），有助于促进民间慈善向现代慈善转型（蒋悟真、魏舒卉，2017），能够增强慈善的民间性、志愿性和自治性。《慈善法》是中国最早的社会福利制度，解决了慈善的资格和执行问题，通过慈善实现了财产的有效再分配，保证了分配正义（吕鑫，2018）。作为慈善基本法，《慈善法》以民间本质、民主立法、共享发展为立法理念，在慈善活动主体资格、慈善支出和管理费用比例的规范以及慈善信托制度等方面为慈善运行提供了指导原则，旨在规范和推动我国慈善事业的健康发展（王涛，2018）。《慈善法》的颁布，标志着以权力理性为核心的崭新的权力介入形式的出现（吴玉章，2016），慈善也不再局限于道德范畴。《慈善法》将中国道德传统与当代慈善的价值理念有机结合，是当代法治精神的体现,提供了传统与现代联结的公共价值实现路径(褚松燕,2017)。

《慈善法》使社会主义核心价值观与慈善理念相互促进,有助于推动慈善成为社会公众的价值理念和生活方式(郑琦,2016)。中共中央办公厅印发的《关于培育和践行社会主义核心价值观的意见》中明确提出,"与人们生产生活和现实利益密切相关的具体政策措施,要注重经济行为和价值导向有机统一,经济效益和社会效益有机统一,实现市场经济和道德建设良性互动"。鉴于《慈善法》对践行社会主义核心价值观的推动和促进作用,《慈善法》的颁布和实施对于企业经济利益与社会价值的融合必然能够发挥积极作用,由此提出假设1。

假设1:《慈善法》颁布之后,企业经济利益与社会责任的融合程度更高。

管理层短视是指管理层的决策视域较短,更关注能够快速获得短期利益的项目(Laverty,1996),而相对忽视企业未来的发展,比如管理层更偏好于期限较短、风险较低的投资项目(Stein,1989;Hart,1983;Holmström,1999)。时间导向理论(Time Orientation Theory)认为,管理层远见或短视是管理层对时间认知的一种先天的、稳定的个人特质(Goldrich,1967)和潜意识(Zimbardo and Boyd,1999),体现出管理层对过去、现在和未来的主观偏好(Bluedorn and Martin,2008;Lumpkin and Brigham,2011),也会受到外部环境的影响(Holman and Zimbardo,2009)。

在公司内部,管理层薪资压力(Narayanan,1985)、被解雇的风险(Chintrakarn et al.,2016)以及短期内建立声誉的期望是管理层短视行为产生的主要原因。在公司外部，资本市场压力（Kraft et al.，2017）、卖空威胁（Hu and Tian，2016）、恶意收购、分析师跟踪、股票流动性（Atanassov，2013）是管理层短视行为产生的可能原因，会导致管理层对短期目标的过度偏爱（Bolton et al.，2006；Polk and Sapienza，2009）。

依据高层梯队理论，管理层短视作为管理层的特质之一，决定管理层的行为，进而影响企业的行为决策（Hambrick and Mason，1984）。管理层短视使企业的资本支出、研发支出（胡楠等，2021）以及广告支出（Brochet et al.，2015）减少。当公司管理层短视时，会计稳健性对创新的抑制作用更明显（钟宇翔等，2017）。管理层越短视，企业越倾向于进行短期投资，且企业短期投资对企业盈利能力的弱化作用越明显（王海明、曾德明，2013）。

当管理层有短视特质时，其很难在企业的经济利益与社会价值之间找到平衡，更难为了企业的长期社会价值而做出任何可能有损于企业短期经济利益的决策，《慈善法》的积极推动效应势必会减弱。相反，对于有远见的管理层而言，管理层能够敏锐意识到《慈善法》实施给社会公益带来的积极作用，并能够顺应社会发展而积极承担社会责任，愿意为了企业的长期社会价值而做出努力，实现企业经济利益与社会责任的有机融合。鉴于此，本书提出假设2。

假设2：相对于管理层短视企业，管理层远见企业在《慈善法》实施后，经济利益与社会责任融合程度更高。

全国文明城市是国家的价值分配工程，代表着城市的品牌价值，是国家治理体系和治理能力现代化的重要方面，能够有效推动国家政策执行，对地方官员晋升发挥了显著的信号作用（张天舒、王子怡，2020），能够提高城市总产值、城市的土地价格，增加城市的总人口（姚鹏等，2021）。全国文明城市具有公共价值属性，能够推动地方政府在教育、医疗、文体、交通、环境等方面提高公共服务供给水平，进一步吸引劳动力流入（朱金鹤等，2021）。全国文明城市评选通过提高城市的技术创新水平、绿色全要素生产率而推动城市的产业结构升级，是促进城市文明发展的新形式（刘哲、刘传明，2021）。连续五年获评全国文明城市的地区经济增长水平较高，但是在全国文明城市推动经济增长方面，中西部城市比东部沿海城市的效果更显著（黄少安、周志鹏，2020）。文明城市评选是城市精神文明、物质文明、政治文明与生态文明协调发展的城市治理过程，对高级别城市的经济增长具有显著的推动作用（乔俊峰、黄智琛，2020）。

文明城市旨在构建和谐与文明的城市，对于经济社会的可持续发展具有重要意义，是新型城市治理模式（刘哲、刘传明，2021），有助于改善城市的居住环境（龚锋等，2018），促进城市发展方式的转变，推动城市的和谐、文明、可持续发展，以应对城市发展过程中面临的资源约束、空气污染、交通拥堵等挑战（鲍宗豪，2011）。文明城市的评比表彰是中央政府推动城市环境治理的重要工具。文明城市评比表彰通过环境规制、基础设施改善以及公众环境治理热情的提升，降低本地区以及邻近地区的工业污水和二氧化硫的排放强度，具有显著的空间溢出效应和示范效应（徐换歌，2020）。正如谌仁俊等（2021）所指出的，全国文明城市的荣誉称号能够使企业的化学需氧量排放有效降低，尤其对于国有控股公司、外资控股公司、大规模污染密集型企业以及东部地区的企业，因为全国文明城市称号具有政治激励作用，能够激励政府官员采取诸如源头防治、技术提升等方式切实减排；并且，全国文明城市的减排效应并没有以牺牲邻近城市的环境为代价，反而能够推动邻近城市加大对高质量绿色企业的引进力度。在文明城市的建设过程中，和谐文明的社会环境以及经济社会的可持续发展是重要方面。建设文明城市能够使城市环境得到显著改善，尤其是使污染效应降低（逯进等，2020）。

文明城市创建还有助于推动社会主义核心价值观的良好建设（杜仕菊、程明月，2016）。鉴于社会主义核心价值观对企业经济利益与社会责任有机融合的重要影响，本书认为，在文明城市所在地，拥有管理层远见力的企业在《慈善法》执行后，在企业经济利益与社会责任的融合方面能够做得更好，由此提出假设3。

假设3：在文明城市所在地，管理层远见企业在《慈善法》实施后，经济利益与社会责任的融合程度更高。

第三节　模型设计

一　数据来源

以2010~2020年中国沪深主板A股上市公司为初选样本，探究《慈善法》颁布前后，管理层远见公司与管理层短视公司在企业经济利益与社会责任融合方面的差异。在此基础上，将上市公司按照所在地是否为文明城市分为两组，进一步探究《慈善法》、管理层远见力对企业经济利益与社会责任融合程度的影响。本书根据以下条件对初选样本进行筛选：剔除关键变量有缺失的样本；剔除金融类上市公司；剔除 ST 类上市公司。为了避免异常值的影响，对连续变量进行 1% 的缩尾处理。最终得到的有效样本为 1996 家上市公司，共 17311 个观测值。

上市公司基金会的建立数据部分源自中国研究数据服务平台（CNRDS）的中国非营利组织数据库。由于 CNRDS 对基金会的数据更新较慢，本书对基金会官网、中国社会组织政务服务平台、基金会中心网等披露的基金会信息进行了手工收录，以确保数据获取的全面性。企业社会责任数据分别从润灵环球官网、和讯网以及 WIND 数据库采集。管理层远见力数据来自公司年报。文明城市数据来自中国文明网。其余数据来自国泰安（CSMAR）数据库。

二 回归模型

基于社会嵌入理论，从政治嵌入角度选择《慈善法》颁布事件，采用双重差分法建立模型（4-1），探究管理层远见公司与管理层短视公司在企业经济利益与社会责任融合方面的差异性。在此基础上，进一步探究文明城市的调节作用。

$$SCEPS = \alpha + \beta_1 TREATC + \beta_2 POSTC + \beta_3 TREATC \times POSTC + \beta_4 SIZE + \beta_5 AGE + \beta_6 CASH + \beta_7 ROE + \beta_8 LEV + \beta_9 MSR + \beta_{10} SOE + \beta_{11} PID + \beta_{12} TTO + \sum INDU + \sum YEAR + \varepsilon \quad (4-1)$$

SCEPS 代表企业经济利益与社会责任融合程度的四个变量（SCEPS1、SCEPS2、SCEPS3、SCEPS4）。SCEPS1 为企业经济利益与社会责任的融合层次。SCEPS2、SCEPS3、SCEPS4 为企业经济利益与社会责任的融合规模。

SCEPS1=ln（1+s），s 表征企业融合层次上的差异，对于污点无善、底线无善、污点行善与公益慈善企业的赋值分别为 1、2 和 3+N。底线无善与污点行善企业的融合程度不易区分，但均比污点无善企业要好，故取值为 2。N 是企业在第 t 年满足如下三项的总和：已连续五年做慈善、已设立慈善基金会、荣登中国慈善榜。

SCEPS2 为数值变量，反映企业和讯社会责任评级与净资产收益率的综合排名，以反映企业经济利益与社会责任的融合规模。SCEPS2= N2/N1+ N4/N3，具体衡量方式如下。首先，将上市公司和讯社会责任评级总评分升序排列，每个上市公司的社会责任质量都按照名次除以公司总数进行赋值。和讯上市公司社会责任报告评级体系从股东责任，供应商、客户和消费者权益责任，员工责任，环境责任，社会责任五个维度，区分行业设置权重，评价上市公司社会责任。比如，将所有上市公司（总数为 N1）和讯社会责任评级总评分升序排列后，A 公司排在第 N2 位，则 A 公司的社会责任质量赋值为 N2/N1。其次，将上市公司的净资产收益率升序排列，每个上市公司获得的经济利益都按照名次除以公司总数进行赋值。比如，将所有上市公司（总数为 N3）的净资产收益率升序排列后，A 公司排在第 N4 位，则 A 公司的社会责任质量赋值为 N4/N3。SCEPS2 的数值越大，表明企业经济利益与社会责任的融合规模越大。

SCEPS3 为数值变量，反映企业华证 ESG 评级与净资产收益率的综合排名，以反映企业经济利益与社会责任的融合规模。$SCEPS3= N6/9+ N8/N7$，具体衡量方式如下。首先，将上市公司华证ESG评级总评分升序排列，每个上市公司的社会责任质量都按照名次除以社会责任评级总档数进行赋值。华证ESG评级涵盖环境（Environmental）、社会（Social）和治理（Governance）三个维度的评级结果，基于AI驱动的大数据引擎，集成上市公司公开披露数据、国家监管部门公告以及新闻媒体报道等数据，构建的底层数据指标超过130个，依据指标得分和权重矩阵，评价全部A股上市公司每季度的ESG综合表现，从最高档（AAA）到最低档（C），共9个档。比如，将所有上市公司华证ESG评级总评分升序排列后，A公司排在第$N6$位（$N6$的取值为1~9），则A公司的社会责任质量赋值为$N6/9$。其次，将上市公司的净资产收益率升序排列，每个上市公司获得的经济利益都按照名次除以公司总数进行赋值。比如，将所有上市公司（总数为$N7$）的净资产收益率升序排列后，A公司排在第$N8$位，则A公司的社会责任质量赋值为$N8/N7$。$SCEPS3$的数值越大，表明企业经济利益与社会责任的融合规模越大。

$SCEPS4$为数值变量，反映企业润灵环球责任评级与净资产收益率的综合排名，以反映企业经济利益与社会责任的融合规模。$SCEPS4= N10/N9+ N12/N11$，具体衡量方式如下。首先，将上市公司润灵环球责任评级总评分升序排列，每个上市公司的社会责任质量都按照名次除以公司总数进行赋值。润灵环球责任评级采用结构化专家打分法，从整体性、内容性、技术性、行业性四个零级指标出发，对A股上市公司的社会责任进行综合评价。比如，将所有上市公司（总数为$N9$）润灵环球责任评级总评分升序排列后，A公司

排在第 $N10$ 位，则 A 公司的社会责任质量赋值为 $N10/N9$。其次，将上市公司的净资产收益率升序排列，每个上市公司获得的经济利益都按照名次除以公司总数进行赋值。比如，将所有上市公司（总数为 $N11$）的净资产收益率升序排列后，A 公司排在第 $N12$ 位，则 A 公司的社会责任质量赋值为 $N12/N11$。$SCEPS4$ 的数值越大，表明企业经济利益与社会责任的融合规模越大。

$POSTC$ 为处理期虚拟变量。《慈善法》由中华人民共和国第十二届全国人民代表大会第四次会议于 2016 年 3 月 16 日通过，自 2016 年 9 月 1 日起施行。2017 年及其之后的年份，$POSTC$ 赋值为 1，否为 0。

$TREATC$ 为处理组虚拟变量，若上市公司的管理层有远见（处理组），赋值为 1，否则为 0。借鉴胡楠等（2021）的研究，本书采用文本分析法，从公司年报管理层讨论与分析部分抽取"长期时间窗口"词语，并用总词频占比衡量管理层远见力，语言中的词频在一定程度上能够反映个体的认知、偏好和个性等特质（Pennebaker et al., 2003）。高于中位数的总词频占比是管理层远见组（$TREATC=1$），低于中位数的总词频占比是管理层短视组（$TREATC=0$）。

"长期时间窗口"词语的总词频占比的数据处理过程如下：下载样本公司年报的 PDF 文档，在数据清洗的基础上，将 PDF 转化为 TXT；制定年报管理层讨论与分析部分"远见视域"的种子词集，并进行相似词扩充，最终确定词集，计算管理层远见力对应词集的词频占比。

$CCITY$ 为文明城市变量，数据来源于中国文明网。当上市公司所在地被评为文明城市（区）时，取值为 1，否为 0。全国文明城市称号由城市自主申报，省级择优推荐，中央部委审核并组织综合测评，确定入选城市，并由媒体集中公示，每三年评选一次，目前已开展六届。第一批全国文明城市（区）于 2005 年 10 月公布，包括全国文明城市（9 个）、文明城区（3 个）。2020 年 11 月，第六届全国文明城市（区）入选城市（区）133 个。

为了尽可能准确地研究上市公司经济利益与社会责任融合程度的影响因素，借鉴郑登津和谢德仁（2019）、唐亮等（2018）、潘越等（2017）的研究，选择如下控制变量：公司规模（*SIZE*；公司总资产的自然对数）、公司年龄（*AGE*；公司成立时间的自然对数）、现金状况（*CASH*；每股经营活动产生的现金流量净额）、净资产收益率（*ROE*；净利润/股东权益余额）、资产负债率（*LEV*；负债/总资产）、管理层持股比例（*MSR*，管理层持股数占总股数的比重）、股权性质（*SOE*；若公司实际控制人为国企，赋值为 1，否为 0）、独立董事比例（*PID*；独立董事占董事总数的比重）、两职合一（*TTO*；董事长与总经理是否为同一人，是为 1，否为 0）、行业（*INDU*）和年度（*YEAR*）虚拟变量（见表 4-1）。

表 4-1　变量定义

变量		衡量方式
因变量	企业经济利益与社会责任的融合层次（*SCEPS*1）	*SCEPS*1=ln(1+*s*)，*s* 表征企业融合层次上的差异，对于污点无善、底线无善、污点行善与公益慈善企业的赋值分别为 1、2、2 和 3+*N*。底线无善与污点行善企业的融合程度不易区分，但均比污点无善企业要好，故取值为 2。*N* 是企业在第 *t* 年满足如下三项的总和：已连续五年做慈善、已设立慈善基金会、荣登中国慈善榜

续表

变量		衡量方式
因变量	企业经济利益与社会责任的融合规模 (SCEPS2、SCEPS3、SCEPS4)	SCEPS2= N2/N1+ N4/N3，企业和讯社会责任排名位次与净资产收益率排名位次的加总
		SCEPS3= N6/9+ N8/N7，企业华证ESG社会责任排名位次与净资产收益率排名位次的加总
		SCEPS4= N10/N9+ N12/N11，企业润灵环球社会责任排名位次与净资产收益率排名位次的加总
自变量	处理期虚拟变量 (POSTC)	2017年及其之后的年份，POSTC赋值为1，否为0
	处理组虚拟变量 (TREATC)	若上市公司的管理层有远见(处理组)，赋值为1，否则为0；利用文本分析法从公司年报管理层讨论与分析部分抽取"长期时间窗口"词语，用总词频占比衡量管理层远见力
调节变量	文明城市 (CCITY)	当上市公司所在地被评为文明城市(区)时，取值为1，否为0
控制变量	公司规模 (SIZE)	公司总资产的自然对数
	公司年龄 (AGE)	公司成立时间的自然对数
	现金状况 (CASH)	每股经营活动产生的现金流量净额
	净资产收益率 (ROE)	净利润/股东权益余额
	资产负债率 (LEV)	负债/总资产
	管理层持股比例 (MSR)	管理层持股数占总股数的比重
	股权性质 (SOE)	若公司实际控制人为国企，赋值为1，否为0
	独立董事比例 (PID)	独立董事占董事总数的比重
	两职合一 (TTO)	董事长与总经理是否为同一人，是为1，否为0
	行业 (INDU)	针对上市公司行业类别设置系列虚拟变量
	年度 (YEAR)	针对研究区间设置系列虚拟变量

第四节 实证分析

一 描述性统计

表4-2给出了变量的描述性统计。企业经济利益与社会责任的

融合层次（$SCEPS1$）的均值为 1.509。企业经济利益与社会责任的融合规模 $SCEPS2$、$SCEPS3$、$SCEPS4$ 的均值分别为 0.988、0.828、0.733。50% 的样本公司的管理层具有远见力。《慈善法》颁布之后的样本公司所占比例为 32.9%。32.6% 的上市公司所在地被评为文明城市。公司规模（$SIZE$）的均值为 22.500。公司年龄（AGE）的均值为 2.866。样本公司每股经营活动产生的现金流量净额的均值为 0.519。样本公司的平均净资产收益率为 3.3%。样本公司的平均负债水平为 51.1%。管理层持股的平均比重为 4.6%。43.7% 的样本公司为国有企业。独立董事平均比例为 37.2%，略高于 1/3。8.5% 的样本公司的董事长和 CEO 由同一人担任。

表 4-2 变量的描述性统计

变量	均值	中位数	标准差	变量	均值	中位数	标准差
$SCEPS1$	1.509	1.609	0.209	AGE	2.866	2.890	0.336
$SCEPS2$	0.988	0.952	0.507	$CASH$	0.519	0.321	2.501
$SCEPS3$	0.828	0.813	0.400	ROE	0.033	0.074	1.586
$SCEPS4$	0.733	0.736	0.321	LEV	0.511	0.456	1.445
$TREATC$	0.500	1.000	0.500	MSR	0.046	0.00004	0.133
$POSTC$	0.329	0.000	0.470	SOE	0.437	0.000	0.344
$CCITY$	0.326	0.000	0.469	PID	0.372	0.333	0.056
$SIZE$	22.500	22.310	1.711	TTO	0.085	0.000	0.386

二 回归结果分析

表 4-3 基于《慈善法》和管理层远见力视角，给出了企业经济利益与社会责任融合机制的回归结果。由表 4-3 可知，处理期虚

变量（POSTC）的回归系数除在列（4）和列（5）中不显著之外，其余列中至少在 10% 的水平下显著为正。回归结果在一定程度上表明，《慈善法》的颁布对企业经济利益与社会责任的融合具有积极影响。由表 4-3 的第（1）、（2）列可知，处理组虚拟变量（TREATC）与处理期虚拟变量（POSTC）的交互项系数在 1% 的水平下显著为正，表明在《慈善法》执行之后，管理层远见公司在企业经济利益与社会责任的融合层次上做得更好。由表 4-3 的第（3）~（8）列可知，处理组虚拟变量（TREATC）与处理期虚拟变量（POSTC）的交互项系数均在 1% 的水平下显著为正，表明管理层远见公司在《慈善法》执行之后，在企业经济利益与社会责任的融合规模上表现更佳。基于社会嵌入理论，《慈善法》的颁布作为法治环境变量，即政治嵌入企业行为，与企业自身意愿因素——管理层远见力一起，共同对企业经济利益与社会责任的融合程度产生影响，呈现出政治嵌入与企业意志的共同驱动。

表 4-3 企业经济利益与社会责任的融合机制：基于《慈善法》与管理层远见力视角

变量	(1) SCEPS1	(2) SCEPS1	(3) SCEPS2	(4) SCEPS2	(5) SCEPS3	(6) SCEPS3	(7) SCEPS4	(8) SCEPS4
常数项	1.486*** (325.765)	1.028*** (17.021)	1.327*** (148.016)	2.040*** (17.180)	1.049*** (141.220)	1.874*** (19.496)	0.977*** (218.501)	1.336*** (19.343)
TREATC	0.051*** (9.073)	0.032*** (5.423)	0.032 (0.607)	0.016** (2.497)	0.059*** (5.659)	0.069** (2.079)	0.024 (0.734)	0.130*** (12.757)
POSTC	0.012** (2.016)	0.017* (1.697)	0.131** (2.500)	0.010 (0.729)	0.013 (1.457)	0.152*** (8.693)	0.124*** (17.086)	0.112*** (10.784)
TREATC ×POSTC	0.023*** (3.622)	0.019*** (8.534)	0.173*** (11.693)	0.163*** (10.795)	0.156*** (12.756)	0.135*** (10.939)	0.154*** (17.485)	0.144*** (16.766)
SIZE		−0.024*** (−3.013)		−0.035*** (−8.673)		−0.045*** (−13.774)		−0.022*** (−8.688)

续表

变量	(1) SCEPS1	(2) SCEPS1	(3) SCEPS2	(4) SCEPS2	(5) SCEPS3	(6) SCEPS3	(7) SCEPS4	(8) SCEPS4
AGE		−0.004 (−0.496)		0.018 (1.046)		0.016 (0.995)		−0.001 (−0.134)
CASH		0.065* (1.822)		0.048* (1.683)		−0.004 (−1.444)		−0.004 (−1.166)
ROE		0.057*** (7.653)		0.106*** (16.580)		0.133*** (14.328)		0.127*** (18.432)
LEV		−0.044** (−2.183)		0.097*** (2.805)		0.046*** (2.718)		−0.002 (−0.213)
MSR		−0.151*** (−8.630)		−0.217*** (−6.086)		−0.017 (−0.565)		−0.077*** (−3.782)
SOE		0.021*** (3.141)		0.033** (2.369)		−0.022* (−1.920)		0.011 (1.395)
PID		0.114*** (2.685)		0.060 (0.706)		0.044 (0.614)		0.040 (0.794)
TTO		−0.650*** (−53.280)		−0.446*** (−46.142)		−0.025** (−2.477)		−0.432*** (−61.752)
INDU		YES		YES		YES		YES
YEAR		YES		YES		YES		YES
调整 R^2	0.010	0.056	0.418	0.446	0.334	0.394	0.431	0.523
F	28.820***	14.850***	1624.000***	170.700***	1014.000***	115.000***	1826.000***	213.800***
N	17311	15806	15721	14559	16433	15181	17054	15750

注：括号内为t值，*、**、*** 分别表示在10%、5%和1%的水平下显著。

表4-4依据公司所在地是否为文明城市对样本公司进行分组，进一步从《慈善法》、管理层远见力视角探讨企业经济利益与社会责任的融合机制。在文明城市组，处理组虚拟变量（TREATC）与处理期虚拟变量（POSTC）的交互项系数均在1%的水平下显著为正。在非文明城市组，处理组虚拟变量（TREATC）与处理期虚拟变量

（POSTC）的交互项系数均不再显著。这表明当上市公司所在地属于文明城市时，管理层有远见的公司在《慈善法》颁布之后，能够在获得经济利益的同时更好地承担社会责任，在融合层次和融合规模方面均表现良好。

表4-4 文明城市的调节作用

变量	文明城市组 (CCITY=1)				非文明城市组 (CCITY=0)			
	(1) SCEPS1	(2) SCEPS2	(3) SCEPS3	(4) SCEPS4	(5) SCEPS1	(6) SCEPS2	(7) SCEPS3	(8) SCEPS4
常数项	1.010*** (14.218)	1.931*** (14.153)	1.821*** (15.682)	1.256*** (15.890)	1.026*** (10.410)	2.324*** (12.094)	1.958*** (11.651)	1.421*** (12.194)
TREATC	0.026*** (3.857)	0.089*** (2.659)	0.060** (2.010)	0.230* (1.661)	0.036*** (3.288)	0.020*** (2.743)	0.074* (1.720)	0.133** (2.323)
POSTC	−0.010 (−0.848)	−0.015 (−0.643)	0.130*** (7.579)	0.164* (1.770)	0.022 (1.219)	−0.022 (−0.632)	0.180*** (5.502)	0.185*** (2.594)
TREATC ×POSTC	0.133*** (5.220)	0.175*** (9.452)	0.146*** (10.196)	0.151*** (14.489)	−0.019 (−1.266)	0.018 (0.274)	0.051 (0.722)	0.022 (0.746)
SIZE	−0.014*** (−5.437)	−0.037*** (−8.415)	−0.046*** (−11.905)	−0.022*** (−6.985)	−0.008*** (−3.730)	−0.033*** (−5.507)	−0.041*** (−7.107)	−0.020*** (−4.999)
AGE	−0.004 (−0.425)	0.045** (2.335)	0.037** (2.004)	0.015 (1.376)	0.001 (0.026)	−0.073** (−2.217)	−0.045 (−1.451)	−0.051*** (−2.682)
CASH	0.001 (0.841)	0.105*** (4.607)	0.122*** (8.584)	0.018*** (4.675)	0.021*** (8.952)	−0.002 (−1.087)	−0.001 (−0.764)	0.089*** (2.659)
ROE	−0.001 (−1.471)	−0.005 (−0.754)	−0.001 (−0.307)	−0.004 (−0.784)	0.001 (0.301)	0.125*** (10.063)	0.122*** (13.880)	0.152*** (9.471)
LEV	−0.069*** (−4.991)	0.135*** (5.280)	0.053** (2.358)	−0.013 (−0.862)	−0.016 (−0.682)	0.048 (1.486)	0.023 (1.417)	−0.004 (−0.429)
MSR	−0.152*** (−7.494)	−0.204*** (−4.914)	0.002 (0.047)	−0.058** (−2.434)	−0.140*** (−4.224)	−0.223*** (−3.395)	−0.027 (−0.467)	−0.100*** (−2.796)
SOE	0.016** (2.094)	0.051*** (2.982)	−0.008 (−0.612)	0.022** (2.199)	0.033*** (2.714)	−0.005 (−0.208)	−0.054** (−2.530)	−0.013 (−0.955)
PID	0.090* (1.708)	0.148 (1.452)	0.089 (1.053)	0.080 (1.316)	0.169** (2.383)	−0.105 (−0.715)	−0.047 (−0.367)	−0.023 (−0.273)

续表

变量	文明城市组 (CCITY=1)				非文明城市组 (CCITY=0)			
	(1) SCEPS1	(2) SCEPS2	(3) SCEPS3	(4) SCEPS4	(5) SCEPS1	(6) SCEPS2	(7) SCEPS3	(8) SCEPS4
TTO	−0.416*** (−22.000)	−0.403*** (−28.952)	−0.023* (−1.894)	−0.160*** (−7.236)	−0.282*** (−3.688)	−0.209*** (−3.498)	−0.214*** (−4.057)	−0.001 (−0.073)
INDU	YES	YES	YES	YES	YES	YES	YES	YES
YEAR	YES	YES	YES	YES	YES	YES	YES	YES
调整 R^2	0.050	0.476	0.392	0.566	0.070	0.447	0.405	0.525
F	9.229***	101.400***	60.130***	133.400***	23.570***	188.800***	82.810***	185.100***
N	5145	4701	4821	5123	10661	9858	10360	10627

注：括号内为 t 值，*、**、*** 分别表示在 10%、5% 和 1% 的水平下显著。

三 稳健性检验

本书从关键变量的度量角度展开稳健性检验，所得结论与已有结论基本一致。

（一）企业经济利益与社会责任融合规模的再度量

除了采用净资产收益率衡量企业经济利益的赢取情况之外，本书还借鉴杨皖苏和杨善林（2016）的研究方法，采用营业利润率度量企业经济利益，并重新构建企业经济利益与社会责任融合规模的变量。SCEPS21 为企业和讯社会责任排名位次与营业利润率排名位次的加总；SCEPS31 为企业华证 ESG 社会责任排名位次与营业利润率排名位次的加总；SCEPS41 为企业润灵环球社会责任排名位次与营业利润率排名位次的加总。回归结果与已有结论基本一致。

(二)管理层远见力的再衡量

管理层远见力的对立面是管理层短视。本书通过对管理层短视的度量间接衡量管理层远见力。管理层短视的量化，除了采用文本分析法度量公司年报管理层讨论与分析部分相关词的词频之外，还有三类方法。第一类是通过投资者的换手率度量（王海明、曾德明，2013；He and Tian，2013）；第二类是采用管理层在长短期投资中的偏好衡量（Gwraham et al.，2005；Aghion et al.，2013；Brochet et al.，2015）；第三类是分析管理层短视的影响因素，将影响因素作为管理层短视的代理变量。

在管理层短视变量的衡量方面，前两类方法主要从股票投资、长短期投资视角进行度量。由于本书主要探究企业经济利益与社会责任的融合程度，在企业行为的分类上与投资行为有些差别，采用投资视角度量管理层短视或远见可能并不是很好的方式。因此，本书采用第三类方法，借鉴钟宇翔等（2017）的研究，采用管理层持股、机构投资者持股和企业长期负债作为管理层短视的代理变量。管理层持股比例越高、机构投资者持股比例越高、长期负债越少，管理层短视的可能性越低。本书对《慈善法》、管理层远见力对企业经济利益与社会责任融合程度的影响机理重新进行了回归分析，所得回归结果与已有结论基本一致。

(三)文明城市获评次数的再分析

本书采用虚拟变量的形式对文明城市的调节效应进行了分析。笔者在收集数据的过程中发现，很多城市不止一次获评文明城市。

因此，本书进一步利用文明城市的获评次数构建新的虚拟变量进行分析。当某个地区获评文明城市的次数在3次及以上时，赋值为1，否为0。回归结果发现，地区获评文明城市的次数越多，管理层远见公司在《慈善法》执行之后，越能更好地实现企业经济利益与社会责任的融合。

第五节　结论

基于社会嵌入性与企业意志性视角，选择政治嵌入视角的《慈善法》事件，以及企业意志性维度的管理层远见力，探究企业经济利益与社会责任的融合机制。在此基础上，进一步分析文明城市对上述关系的差异性影响。研究发现，《慈善法》颁布之后，管理层有远见的公司能够识别出《慈善法》对经济社会可持续发展的重要影响，积极承担社会责任，在企业经济利益与社会责任的融合层次与融合规模方面均具有良好表现。对于文明城市所在地的上市公司而言，《慈善法》颁布之后，管理层有远见的公司能够更好地将企业经济利益与社会责任有机融合，在确保经济利益的同时，更好地履行社会责任，最大化社会福利。

回归结果表明，企业经济利益与社会责任的有机融合需要法治环境从政治嵌入视角提供良好的慈善氛围，同时企业管理层的远见力也发挥了重要作用。政治嵌入与企业意志共同作用，才能更好地实现企业经济利益与社会责任的融合。文明城市建设有助于提高社会的可持续发展水平，增强公民对公益慈善的认知，更好发挥《慈善法》和管理层远见力对企业经济利益与社会责任有机融合的推动作用。《慈善法》的颁布将社会主义核心价值观与慈善理念有机融合，极大地推动了公益慈善事业的发展。为了更好地实现企业经济利益与社会责任的融合,《慈善法》要确保执行力度和执行效果，在公共价值的实现方面克服时间和实践距差，考虑制度刚性与执行弹性之间的公共价值冲突治理空间（褚松燕，2017）。

第五章

企业经济利益与社会责任的融合机制研究：基于地区道德文化与企业社会责任理念的实证分析

第一节　引言

企业是开展经济和社会活动的法人，是一种社会性存在（Coleman，1990）。企业通过社会化建构开展社会行动，使得社会属性成为企业不可分割的特点，与企业的经济属性并存（肖红军、阳镇，2018a）。在融合组织观的逻辑框架下，企业既具有经济功能，也具有社会功能，是实现经济属性与社会属性内在统一的社会经济组织。企业的经济利益与社会责任并不矛盾，两者是相辅相成的关系，因为经济利益是社会责任的经济基础，社会责任为企业更好地赢取经济利益指明了方向（肖红军、阳镇，2018）。

然而，企业经济利益与社会责任的融合并非易事。基于自利主义的市场逻辑，商业企业对经济利益的追逐难免会带来一系列社会责任问题，比如"说一套，做一套"的伪社会责任、"漂绿"等虚假的环保宣传、利用履行社会责任掩盖企业负面新闻等。企业难以将生产交易属性与社会价值属性有机结合，更难以在股东利益最大化与服务社会公益之间找到平衡点。

正式制度容易造成企业承担社会责任的不情愿，无法约束企业的所有社会责任行为，正式制度在很多情形下存在失灵的缺陷。非正式制度是解决中国企业社会责任困境的主要线索（辛杰，2014a），是人们在经济社会的长期发展过程中逐渐形成的、人们自发遵守的行为准则或理念，能够对人们的行为产生非正式约束。非正式制度渗透于人们的感性认知中，潜移默化地影响人们的经济行为和社会行为（North，1991）。非正式制度包括伦理道德、庇护关系、裙带关系、宗族组织、传统文化、风俗习惯等，是社会成员共同遵守的隐性规则（McMillan and Naughton，1996；Nee and Su，1996；Helmke and Levitsky，2004；Peng，2004）。虽然非正式制度并没有惩罚机制，但是违背非正式制度可能造成信任缺失、声誉减损甚至是经济利益的损失（Pejovich，1999）。

非正式制度能够对法律制度形成有效的替代（孙泽宇、齐保垒，2020）。即使是在正式制度发挥主导作用的经济社会环境中，非正式制度依然具有显著的补充作用（王芳，2018）。非正式制度通过共同价值观积极影响企业的道德理念，潜移默化地增强企业的社会责任履行意愿。非正式制度在塑造道德自律、形成企业家的社会价值观、发展低碳经营模式以及塑造企业社会责任文化等方面具有积极影响（辛杰，2014a）。唐亮等（2018）的研究表明，社会信任这类非正式制度能够有效改善企业的社会责任履行状况。传统文化作为非正式制度，能够显著增加企业对环境信息的披露（毕茜等，2015）。非正式制度通过低碳消费、低碳技术及低碳规制三个渠道对经济低碳转型产生积极影响（彭星等，2013）。

鉴于此，本书基于社会嵌入理论，从地区道德文化视角描述文化嵌入，以企业社会责任理念刻画企业意志，探究地区道德文化、企业社会责任理念对企业经济利益与社会责任融合的影响机理，以期从非正式制度视角分析企业经济价值与社会责任的融合机制。

第二节　理论基础与研究假设

组织社会学领域的新制度理论认为，由于组织中的个人不仅仅按照组织设定的角色行动以及组织结构中存在非正式结构，组织不再仅仅是人为合理设计的结果，而是制度化的组织，具有非理性特征（组织的负功能），社会环境能够超越组织任务或技术需求的价值判断而影响组织行为（Selznick，1949）。组织结构与行为是满足技术效率（提高组织产出）的结果，同时也受到制度环境的约束；制度环境要求组织行为符合社会公认的合法性（Legitimacy），符合人们认同的法律制度、社会规范、文化理念等（Meyer and Rowan，1977）。合法性，最早由 Parsons（1960）提出，指组织的行为在由规范体系、价值观体系、信念体系以及定义体系建构的社会结构内是合意的、正当的或合适的（Suchman，1995）。

第五章　企业经济利益与社会责任的融合机制研究：基于地区道德文化与企业社会责任理念的实证分析

地区道德文化就是人们在潜移默化中形成的道德方面的文化理念。基于合法性理论，企业的行为需要符合社会道德文化的预期，以获取合法性。个体行为势必会受到非经济因素道德的影响（Tabellini，2008a）。道德源自人类在进化过程中基于互惠互利的分工合作，是维护社会活动正常进行的非正式制度（Trivers，1971；Alexander，1987）。社会道德水平越高，民营上市公司的债务融资成本越低，表明社会道德能够缓解民营上市公司面临的信贷歧视（王夫乐，2019）。道德水平越高，越能降低出口企业预期的违约风险和产品被侵权风险，进而能够确保企业出口产品的质量（祝树金等，2019）。

与法律制度相比，文化的合作激励功能更有效，能够对法律起到支撑作用（Guiso et al.，2015）。通过塑造个人的偏好和价值观（Akerlof and Kranton，2000），地区道德文化会影响个人的行为和决策。当个体处在一个新的环境中时，其通常会更愿意观察他人的行动，通过"模仿"其他人在相同情况下的行动，降低行为风险，从而避免损失或者得到社会的认同（Bobek et al.，2013）。张婷婷（2019）从权利差距、绩效导向以及性别平等三个方面刻画了地区文化，并研究了地区文化对企业社会责任信息披露质量的影响，发现地区文化对权利差距的容忍度越低或绩效导向程度越低或越强调性别平等时，企业社会责任信息披露质量就越高。Matten和Moon（2008）的研究发现，制度文化会影响企业社会责任履行以及社会责任信息的披露行为。

在市场经济条件下，作为特殊的生产性资源，道德具有经济价值，体现在创造使用价值和价值的过程中；道德与现代经济具有正向价值关联（王小锡，2011）。在道德文化良好行为规范的指引下，个体行为甚至会不计较物质利益，不考虑利益和成本的跨期权衡，只是为了遵从道德规范（Tabellini，2008b）。鉴于此，本书认为，在地区道德文化浓郁的地区，地区道德文化的道德引领作用能够推动企业经济利益与社会责任更好融合。

假设1：地区道德文化越浓郁的地区，企业经济利益与社会责任的融合程度越高。

价值观能够约束个体的经济行为和社会行为（Tabellini，2008a）。相对于正式制度容易导致企业对社会责任的被动响应，企业社会责任理念等非正式制度能够将公益慈善内化于心、外化于行，形成企业的自我约束，让企业社会责任从"他律"走向"自律"（章辉美、赵玲玲，2010）。一方面，企业社会责任理念在一定程度上体现了企业家的道德价值观。企业家道德资本对企业绩效的改善具有显著的积极影响（王明杰，2017），能够提高消费者的购买意愿（童泽林等，2015）。当企业拥有寡头垄断势力，且进行生态创新的意愿不强烈时，管理者的道德认知有助于增加企业的生态创新支出（王霞、徐晓东，2016）。另一方面，企业社会责任理念构成组织的道德环境，是影响员工道德行为的关键因素（Arnaud，2010；Victor and Cullen，1987，1988）。企业社会责任理念在组织内部提供了一种道德认同，企业员工基于这种企业倡导的道德品质（Aquino and Reed，2002），规范自己的行为（Reed and Aquino，2003；Reynolds and Ceranic，2007）。企业社会责任理念为企业员工的行为提供了判断准绳，尤其是在企业员工面临道德困境时（Cullen et al.，1989）。

第五章 企业经济利益与社会责任的融合机制研究：基于地区道德文化与企业社会责任理念的实证分析

企业员工的道德水平对企业社会责任行为具有重要影响（Moore et al.，2012）。企业道德建设通过员工感知到的企业社会责任对员工满意度产生积极影响（刘刚、李峰，2011）。员工的道德认同通过领导－部属交换、团队－同事交换对组织的任务绩效产生积极影响（王端旭、郑显伟，2014）。企业社会责任理念有助于提高组织内部的信任水平，进而促进组织的公民行为（Dirks and Ferrin，2002）。社会责任理念是企业员工对社会责任在内隐性和外显性方面的认知理念，内嵌于企业员工的思想和行为中，具有精神引领功能（温素彬等，2018），有助于增强员工的组织承诺（俞文钊等，2002），让企业员工共同信奉社会价值，共同履行公益慈善义务。相反，如果企业没有社会责任理念，企业就容易发生道德方面的负面事件，进而对企业声誉评价产生显著的消极影响（谭继舜等，2017），造成企业社会价值的减损。

社会责任愿景对内通过较高的社会道德准则潜移默化地影响整个企业，激发员工的积极性，形成强大的组织凝聚力（白光林、杨韬，2014）；对外提升企业的社会形象，使企业积极履行对社会公众的公益责任，是企业社会价值外显化的标志（刘刚等，2019）。关爱型和规则型道德气氛对组织的公民行为具有显著的积极影响（张四龙等，2014）。企业社会责任理念是企业道德建设的重要方面，有助于提升企业的社会责任表现（Wood，1991）。本书认为，当企业拥有社会责任理念时，社会责任理念对企业高管、员工道德行为的规范以及精神引领功能，将极大地提升地区道德文化对企业经济利益与社会责任融合的积极影响。

假设2：当企业文化中包含明确的社会责任理念时，地区道德文化对企业经济利益与社会责任融合的积极影响较大。

社会心态是指人们对自身及现实社会的一种较为普遍的社会态度、情绪及意向等。杨宜音（2006）认为，在一个急剧变动的社会中，社会心态是社会变迁的一种重要的表示方法。王俊秀（2014）也提出，在社会转型的过程中，随着社会结构变化的是人们的心理。因为社会转型会引起社会阶层的分化与重组，而这种基于占有关系的调整，很大程度上会导致社会的贫富分化，使得贫富差距逐渐扩大，最终影响人们的心理。孙德梅等（2014）认为，这种贫富差距的扩大会伴随着相对剥夺感的出现，再加上新媒体的广泛运用，这种社会心态会随之蔓延和扩散。当经济的快速发展形成的社会现实和个人的心理需求不一致时，很容易导致心态的失衡，诱发浮躁的社会心态。孙嘉明（2015）指出，亢奋、冲动等浮躁心态与社会体制和经济情况有着密不可分联系，同时这种浮躁的心态可能会引起思绪混乱、精神分散，这一点在交通事故的数量上的体现也很明显。

由于浮躁心态的普遍存在，企业脚踏实地履行社会责任的意愿迅速降低，地区道德文化、企业社会责任理念作为非正式制度对企业经济利益与社会责任融合的推动效应会减弱。浮躁心态的存在更容易诱导企业从事伪社会责任行为，以最少的投入获取最高的社会认同感，以期达到快速提升企业社会价值的目的。在浮躁心态严重的地区，企业不可能扎实地开展社会责任履行活动，而是更多地关注如何快速获取企业的经济利益。本书认为，在浮躁心态严重的地区，企业社会责任理念不再正向调节地区道德文化对企业经济利益与社会责任融合的积极影响。

第五章　企业经济利益与社会责任的融合机制研究：基于地区道德文化与企业社会责任理念的实证分析

假设3：对于浮躁心态严重的地区，地区道德文化对企业经济利益与社会责任融合的积极影响不再因企业社会责任理念而更显著。

第三节　模型设计

一　数据来源

以2010~2020年中国沪深主板A股上市公司为初选样本，探究地区道德文化、企业社会责任理念对企业经济利益与社会责任融合的影响效应。在此基础上，进一步探究浮躁心态对上述影响效应发挥的调节作用。本书根据以下条件对初选样本进行筛选：剔除关键变量有缺失的样本；剔除金融类上市公司；剔除ST类上市公司。为了避免异常值的影响，对连续变量进行1%的缩尾处理。最终得到的有效样本为1996家上市公司，共17311个观测值。

上市公司基金会的建立数据部分源自中国研究数据服务平台（CNRDS）的中国非营利组织数据库。由于CNRDS对基金会的数据更新较慢，本书对基金会官网、中国社会组织政务服务平台、基金会中心网等披露的基金会信息进行了手工收录，以确保数据获取的全面性。企业社会责任数据分别从润灵环球官网、和讯网以及WIND数据库采集。地区道德文化数据源自中国文明网。企业社会责任理念数据来源于中国研究数据服务平台（CNRDS）的企业社会责任数据库以及上市公司官网。地区交通事故数来自《中国统计年鉴》。"浮躁"关键词的综合趋势日数据来自百度指数官网。其余数据来自 CSMAR 数据库。

二 回归模型

以中宣部等在中国文明网公布的全国道德模范、时代楷模、中国好人榜为基础，采用每年每个地区获得上述三项荣誉称号的累计总人数衡量地区道德文化，依据企业文化中是否提及社会责任度量企业的社会责任理念，建立模型（5-1），探究地区道德文化对企业经济利益与社会责任融合的影响是否会因企业社会责任理念呈现出差异性。在此基础上，基于地区交通事故数与百度指数大数据（Python 抓取的百度指数官网上的"浮躁"关键词的综合趋势日数据）度量地区浮躁心态，进一步探究浮躁心态在地区道德文化、企业社会责任理念和企业经济利益与社会责任融合程度之间的关系中发挥的调节功能。

$$\begin{aligned}SCEPS = &\alpha + \beta_1 RMC + \beta_2 CSRVA + \beta_3 RMC \times CSRVA + \\ &\beta_4 SIZE + \beta_5 AGE + \beta_6 CASH + \beta_7 ROE + \\ &\beta_8 LEV + \beta_9 MSR + \beta_{10} SOE + \beta_{11} PID + \\ &\beta_{12} TTO + \sum INDU + \sum YEAR + \varepsilon\end{aligned} \quad (5-1)$$

$SCEPS$ 代表企业经济利益与社会责任融合的四个变量（$SCEPS1$、$SCEPS2$、$SCEPS3$、$SCEPS4$）。$SCEPS1$ 为企业经济利益与社会责任的融合层次。$SCEPS2$、$SCEPS3$、$SCEPS4$ 为企业经济利益与社会责任的融合程度。

$SCEPS1=\ln(1+s)$，s 表征企业融合层次上的差异，对于污点无善、底线无善、污点行善与公益慈善企业的赋值分别为 1、2、2 和 3+N。底线无善与污点行善企业的融合程度不易区分，但均比污点无善企业要好，故取值为 2。N 是企业在第 t 年满足如下三项的总和：已连续五年做慈善、已设立慈善基金会、荣登中国慈善榜。

$SCEPS2$ 为数值变量，反映企业和讯社会责任评级与净资产收益率的综合排名，以反映企业经济利益与社会责任的融合规模。$SCEPS2 = N2/N1 + N4/N3$，具体衡量方式如下。首先，将上市公司和讯社会责任评级总评分升序排列，每个上市公司的社会责任质量都按照名次除以公司总数进行赋值。和讯上市公司社会责任报告评级体系从股东责任，供应商、客户和消费者权益责任，员工责任，环境责任，社会责任五个维度，区分行业设置权重，评价上市公司社会责任。比如，将所有上市公司（总数为 $N1$）和讯社会责任评级总评分升序排列后，A 公司排在第 $N2$ 位，则 A 公司的社会责任质量赋值为 $N2/N1$。其次，将上市公司的净资产收益率升序排列，每个上市公司获得的经济利益都按照名次除以公司总数进行赋值。比如，将所有上市公司（总数为 $N3$）的净资产收益率升序排列后，A 公司排在第 $N4$ 位，则 A 公司的社会责任质量赋值为 $N4/N3$。$SCEPS2$ 的数值越大，表明企业经济利益与社会责任的融合规模越大。

$SCEPS3$ 为数值变量，反映企业华证 ESG 评级与净资产收益率的综合排名，以反映企业经济利益与社会责任的融合规模。$SCEPS3 = N6/9 + N8/N7$，具体衡量方式如下。首先，将上市公司华证 ESG 评级总评分升序排列，每个上市公司的社会责任质量都按照名次除以社会责任评级总档数进行赋值。华证 ESG 评级涵盖环境

（Environmental）、社会（Social）和治理（Governance）三个维度的评级结果，基于 AI 驱动的大数据引擎，集成上市公司公开披露数据、国家监管部门公告以及新闻媒体报道等数据，构建的底层数据指标超过 130 个，依据指标得分和权重矩阵，评价全部 A 股上市公司每季度的 ESG 综合表现，从最高档（AAA）到最低档（C），共 9 个档。比如，将所有上市公司华证 ESG 评级总评分升序排列后，A 公司排在第 $N6$ 位（$N6$ 的取值为 1~9），则 A 公司的社会责任质量赋值为 $N6/9$。其次，将上市公司的净资产收益率升序排列，每个上市公司获得的经济利益都按照名次除以公司总数进行赋值。比如，将所有上市公司（总数为 $N7$）的净资产收益率升序排列后，A 公司排在第 $N8$ 位，则 A 公司的社会责任质量赋值为 $N8/N7$。$SCEPS3$ 的数值越大，表明企业经济利益与社会责任的融合规模越大。

$SCEPS4$ 为数值变量，反映企业润灵环球责任评级与净资产收益率的综合排名，以反映企业经济利益与社会责任的融合规模。$SCEPS4 = N10/N9 + N12/N11$，具体衡量方式如下。首先，将上市公司润灵环球责任评级总评分升序排列，每个上市公司的社会责任质量都按照名次除以公司总数进行赋值。润灵环球责任评级采用结构化专家打分法，从整体性、内容性、技术性、行业性四个零级指标出发，对 A 股上市公司的社会责任进行综合评价。比如，将所有上市公司（总数为 $N9$）润灵环球责任评级总评分升序排列后，A 公司排在第 $N10$ 位，则 A 公司的社会责任质量赋值为 $N10/N9$。其次，将上市公司的净资产收益率升序排列，每个上市公司获得的经济利益都按照名次除以公司总数进行赋值。比如，将所有上市公司（总数为 $N11$）的净资产收益率升序排列后，A 公司排在第 $N12$ 位，则 A

公司的社会责任质量赋值为 $N12/N11$。$SCEPS4$ 的数值越大，表明企业经济利益与社会责任的融合规模越大。

地区道德文化（RMC）依据每年每个地区的全国道德模范、时代楷模、中国好人榜的累计总人数界定。本书手工采集中宣部等在中国文明网公布的全国道德模范、时代楷模、中国好人榜及其所属地区的信息，将每年每个地区获得上述三项荣誉称号的累计总人数进行排序。若某个地区累计总人数的均值高于样本中位数，RMC 赋值为 1，否则为 0。截至 2020 年，全国道德模范已评选七届，2007 年是第一届，每两年评选一次，2021 年 9 月公布第八届名单。时代楷模自 2014 年起每年公布。中国好人榜从 2008 年起公布，每年公布若干次，最频繁时每月公布一次；截至 2021 年 8 月，已有 15234 人上榜。

当上市公司的理念、愿景或价值观涵盖公司对经济、社会、环境的责任时，企业社会责任理念（$CSRVA$）赋值为 1，否为 0。笔者从中国研究数据服务平台（CNRDS）的企业社会责任数据库中获取企业社会责任理念的初始数据。对于缺失的数据，依据上市公司官网企业文化等栏目进行补充。

社会浮躁心态（$IMPU1$）用地区交通事故数的自然对数衡量。制度发展的不协调、国民心理预期和社会现实的不一致是产生浮躁心态的原因。心浮气躁、冲动、抱怨和追求便利的浮躁心态更容易引起违章现象或驾驶失误的出现，从而导致交通事故。地区每年发生的交通事故数可以在一定程度上反映地区民众的浮躁心态。为了检验浮躁心态的调节效应，本书依据社会浮躁心态（$IMPU1$）构建分组变量。$IMPU1$ 的数值越大，地区浮躁心态越严重。当地区

$IMPU1$ 的取值高于中位数时，浮躁心态（$IMPU11$）赋值为 1，否为 0。采用百度指数"浮躁"关键词数据衡量的社会浮躁心态为 $IMPU2$，$IMPU2$ 的取值高于中位数时，$IMPU22$ 赋值为 1，否为 0。

本书还控制了影响企业经济利益与社会责任融合程度的一系列变量：公司规模（$SIZE$；公司总资产的自然对数）、公司年龄（AGE；公司成立时间的自然对数）、现金状况（$CASH$；每股经营活动产生的现金流量净额）、净资产收益率（ROE；净利润/股东权益余额）、资产负债率（LEV；负债/总资产）、管理层持股比例（MSR；管理层持股数占总股数的比重）、股权性质（SOE；若公司实际控制人为国企，赋值为 1，否为 0）、独立董事比例（PID；独立董事占董事总数的比重）、两职合一（TTO；董事长与总经理是否为同一人，是为 1，否为 0）、行业（$INDU$）和年度（$YEAR$）虚拟变量（见表 5-1）。

表 5-1 变量定义

变量		衡量方式
因变量	企业经济利益与社会责任的融合层次（$SCEPS1$）	$SCEPS1=\ln(1+s)$，s 表征企业融合层次上的差异，对于污点无善、底线无善、污点行善与公益慈善企业的赋值分别为 1、2、2 和 3+N。底线无善与污点行善企业的融合程度不易区分，但均比污点无善企业要好，故取值为 2。N 是企业在第 t 年满足如下三项的总和：已连续五年做慈善、已设立慈善基金会、荣登中国慈善榜
	企业经济利益与社会责任的融合规模（$SCEPS2$、$SCEPS3$、$SCEPS4$）	$SCEPS2= N2/N1+ N4/N3$，企业和讯社会责任排名位次与净资产收益率排名位次的加总
		$SCEPS3= N6/N9+ N8/N7$，企业华证 ESG 社会责任排名位次与净资产收益率排名位次的加总
		$SCEPS4= N10/N9+ N12/N11$，企业润灵环球社会责任排名位次与净资产收益率排名位次的加总

续表

	变量	衡量方式
自变量	地区道德文化 (RMC)	对每年每个地区获得全国道德模范、时代楷模、中国好人荣誉称号的累计总人数进行排序，若某个地区累计总人数的均值高于样本中位数，RMC 赋值为 1，否则为 0
调节变量	企业社会责任理念 (CSRVA)	当上市公司的理念、愿景或价值观涵盖公司对经济、社会、环境的责任时，赋值为 1，否为 0
	浮躁心态 (IMPU11)	当地区 IMPU1 的取值高于中位数时，IMPU11 赋值为 1，否为 0；IMPU1 用地区交通事故数的自然对数衡量
控制变量	公司规模 (SIZE)	公司总资产的自然对数
	公司年龄 (AGE)	公司成立时间的自然对数
	现金状况 (CASH)	每股经营活动产生的现金流量净额
	净资产收益率 (ROE)	净利润／股东权益余额
	资产负债率 (LEV)	负债／总资产
	管理层持股比例 (MSR)	管理层持股数占总股数的比重
	股权性质 (SOE)	若公司实际控制人为国企，赋值为 1，否为 0
	独立董事比例 (PID)	独立董事占董事总数的比重
	两职合一 (TTO)	董事长与总经理是否为同一人，是为 1，否为 0
	行业 (INDU)	针对上市公司行业类别设置系列虚拟变量
	年度 (YEAR)	针对研究区间设置系列虚拟变量

第四节　实证分析

一　描述性统计

表 5-2 给出了变量的描述性统计。企业经济利益与社会责任的融合层次（SCEPS1）的均值为 1.509。企业经济利益与社会责任的融合规模 SCEPS2、SCEPS3、SCEPS4 的均值分别为 0.988、0.828、0.733。地区道德文化（RMC）的均值为 0.486。39.3% 的样本公

司的企业价值观、文化、愿景中涵盖社会责任目标。地区浮躁心态 $IMPU11$、$IMPU22$ 的平均水平分别为 0.500 和 0.499。公司规模（$SIZE$）的均值为 22.500。公司年龄（AGE）的均值为 2.866。样本公司每股经营活动产生的现金流量净额的均值为 0.519。样本上市公司的平均净资产收益率为 3.3%。样本上市公司的平均负债水平为 51.1%。管理层持股的平均比重为 4.6%。43.7% 的样本公司为国有企业。独立董事平均比例为 37.2%，略高于 1/3。8.5% 的样本上市公司的董事长和 CEO 由同一人担任。

表 5-2 变量的描述性统计

变量	均值	中位数	标准差	变量	均值	中位数	标准差
$SCEPS1$	1.509	1.609	0.209	AGE	2.866	2.890	0.336
$SCEPS2$	0.988	0.952	0.507	$CASH$	0.519	0.321	2.501
$SCEPS3$	0.828	0.813	0.400	ROE	0.033	0.074	1.586
$SCEPS4$	0.733	0.736	0.321	LEV	0.511	0.456	1.445
RMC	0.486	0.000	0.829	MSR	0.046	0.00004	0.133
$CSRVA$	0.393	0.000	0.489	SOE	0.437	0.000	0.344
$IMPU11$	0.500	0.500	0.500	PID	0.372	0.333	0.056
$IMPU22$	0.499	0.000	0.500	TTO	0.085	0.000	0.386
$SIZE$	22.500	22.310	1.711				

二 回归结果分析

表 5-3 基于地区道德文化、企业社会责任理念探究企业经济利益与社会责任的融合机制。在表 5-3 的第（1）列中，地区道德文化（RMC）的回归系数为正，但不显著。在表 5-3 的第（2）列中，地

区道德文化（RMC）的回归系数在 1% 的水平下显著为正。回归结果总体可以表明，地区道德文化对于企业经济利益与社会责任的融合层次具有显著的积极影响。由表 5-3 的第（4）、（6）、（8）列可知，地区道德文化（RMC）的回归系数均在 1% 的水平下显著为正，表明地区道德文化有助于扩大企业经济利益与社会责任的融合规模。企业社会责任理念（CSRVA）的回归系数至少在 10% 的水平下显著为正。回归结果表明，当企业文化中包含社会责任理念时，企业经济利益与社会责任的融合程度更高。地区道德文化（RMC）与企业社会责任理念（CSRVA）的交互项系数至少在 5% 的水平下显著为正。这说明，对于有社会责任理念的公司而言，地区道德文化对企业经济利益与社会责任的融合层次、融合规模的正向影响更加凸显。企业社会责任理念体现了企业家的社会责任愿景，能够激励企业员工更好地开展社会公益活动，让地区道德文化作为非正式制度对企业行为产生更大的激励和约束作用，促进企业经济利益与社会责任实现更好的融合。

表 5-3　企业经济利益与社会责任的融合机制：基于地区道德文化与企业社会责任理念视角

变量	(1) SCEPS1	(2) SCEPS1	(3) SCEPS2	(4) SCEPS2	(5) SCEPS3	(6) SCEPS3	(7) SCEPS4	(8) SCEPS4
常数项	1.467*** (102.020)	1.002*** (16.072)	1.194*** (28.838)	2.871*** (15.924)	0.922*** (34.413)	2.175*** (18.109)	0.839*** (39.843)	1.830*** (17.615)
RMC	0.005 (1.432)	0.015*** (3.725)	−0.013 (−0.399)	0.186*** (13.945)	−0.107 (−1.598)	0.047*** (3.286)	0.225*** (13.767)	0.187*** (13.679)
CSRVA	0.065*** (2.986)	0.057*** (2.609)	0.053* (1.669)	0.019** (2.144)	0.074*** (9.447)	0.127*** (11.256)	0.113*** (11.881)	0.157*** (13.066)
RMC× CSRVA	0.143*** (14.617)	0.023** (1.985)	0.213*** (13.618)	0.200*** (13.632)	0.191*** (14.725)	0.179*** (14.761)	0.237*** (13.920)	0.224*** (11.613)

续表

变量	(1) SCEPS1	(2) SCEPS1	(3) SCEPS2	(4) SCEPS2	(5) SCEPS3	(6) SCEPS3	(7) SCEPS4	(8) SCEPS4
SIZE		−0.017* (−1.841)		−0.082*** (−11.627)		−0.064*** (−13.684)		−0.053*** (−13.036)
AGE		−0.003 (−0.359)		0.048** (2.180)		0.027 (1.597)		0.016 (1.248)
CASH		−0.0008 (−0.243)		0.018*** (8.114)		0.016** (2.454)		−0.011 (−1.588)
ROE		0.170*** (15.231)		0.049*** (3.818)		0.241*** (14.948)		0.198*** (15.038)
LEV		−0.050** (−2.391)		0.253*** (3.118)		0.147*** (3.357)		0.100*** (2.937)
MSR		−0.129*** (−7.555)		−0.728*** (−15.265)		−0.396*** (−11.869)		−0.406*** (−14.513)
SOE		0.019*** (2.878)		0.052*** (2.700)		0.002 (0.110)		0.026** (2.218)
PID		0.105** (2.495)		0.230** (2.054)		0.171** (2.053)		0.159** (2.260)
TTO		−0.011* (−1.772)		−0.004 (−0.250)		−0.023** (−1.985)		−0.003 (−0.280)
INDU		YES		YES		YES		YES
YEAR		YES		YES		YES		YES
调整 R^2	0.018	0.059	0.055	0.185	0.127	0.247	0.052	0.242
F	38.690***	14.440***	82.890***	32.900***	222.300***	50.650***	84.190***	64.890***
N	17311	15806	15721	14559	16433	15181	17054	15750

注：括号内为 t 值，*、**、*** 分别表示在 10%、5% 和 1% 的水平下显著。

表 5-4 给出了交通事故数度量的地区浮躁心态的调节效应。由表 5-4 的第（1）~（4）列可知，对于浮躁心态严重的地区，地区道德文化（RMC）与企业社会责任理念（CSRVA）的交互项系数为正，但不再显著。由表 5-4 的第（5）~（8）列可知，对于浮躁心态不严重的地

区，地区道德文化（RMC）与企业社会责任理念（CSRVA）的交互项系数至少在5%的水平下显著为正。回归结果表明，当上市公司所在地的浮躁心态较为严重时，企业难以脚踏实地开展经营活动和公益慈善活动，而是倾向于快速在短期内获取经济利益，使得地区道德文化对企业经济利益与社会责任融合的积极影响减小，企业社会责任理念也不再正向调节地区道德文化对企业经济利益与社会责任融合的积极作用。

表 5-4 地区浮躁心态的调节效应（交通事故数的度量视角）

变量	浮躁心态严重的地区 (IMPU11=1)				浮躁心态不严重的地区 (IMPU11=0)			
	(1) SCEPS1	(2) SCEPS2	(3) SCEPS3	(4) SCEPS4	(5) SCEPS1	(6) SCEPS2	(7) SCEPS3	(8) SCEPS4
常数项	0.985*** (13.652)	2.453*** (12.388)	2.118*** (15.578)	1.695*** (14.687)	1.070*** (10.714)	3.426*** (14.441)	2.165*** (12.238)	1.941*** (13.095)
RMC	0.015*** (2.980)	−0.019 (−1.304)	0.079 (1.187)	0.003 (0.072)	0.011 (1.548)	0.139*** (5.998)	0.257*** (13.917)	0.203*** (13.341)
CSRVA	0.078*** (2.659)	0.054 (0.675)	0.090* (1.839)	0.077* (1.712)	0.016 (0.518)	0.135*** (5.413)	0.253*** (13.042)	0.201*** (12.601)
RMC× CSRVA	0.023 (0.271)	0.024 (0.392)	0.025 (0.383)	0.015 (0.310)	0.058** (2.435)	0.035*** (2.806)	0.086*** (8.005)	0.020** (2.180)
SIZE	−0.008* (−1.660)	−0.075*** (−9.657)	−0.065*** (−12.485)	−0.049*** (−11.052)	−0.014* (−1.730)	−0.091*** (−10.928)	−0.057*** (−8.911)	−0.054*** (−9.947)
AGE	0.011 (0.341)	0.067*** (2.678)	0.043** (2.231)	0.025* (1.656)	−0.011 (−0.759)	0.004 (0.123)	0.011 (0.420)	0.004 (0.222)
CASH	−0.001 (−0.598)	0.018*** (5.385)	0.018*** (6.867)	−0.008 (−1.425)	0.004 (1.556)	0.158*** (14.113)	0.150*** (18.726)	0.159*** (13.298)
ROE	0.022 (0.725)	−0.011 (−0.988)	−0.005 (−0.680)	−0.008 (−0.984)	−0.001 (−0.246)	0.015** (2.249)	0.050* (1.672)	0.027* (1.769)
LEV	−0.042* (−1.848)	0.219** (2.524)	0.130*** (2.699)	0.085** (2.356)	−0.073*** (−3.571)	0.356*** (6.277)	0.181*** (4.463)	0.129*** (3.545)
MSR	−0.144*** (−8.292)	−0.700*** (−14.899)	−0.386*** (−11.587)	−0.392*** (−14.266)	0.002 (0.030)	−0.483*** (−2.715)	−0.204 (−1.646)	−0.280** (−2.430)

续表

变量	浮躁心态严重的地区 (IMPU11=1)				浮躁心态不严重的地区 (IMPU11=0)			
	(1) SCEPS1	(2) SCEPS2	(3) SCEPS3	(4) SCEPS4	(5) SCEPS1	(6) SCEPS2	(7) SCEPS3	(8) SCEPS4
SOE	0.009 (1.136)	0.085*** (3.775)	0.014 (0.882)	0.037*** (2.712)	0.036*** (3.613)	−0.008 (−0.311)	−0.023 (−1.227)	0.007 (0.436)
PID	0.121** (2.499)	0.241* (1.870)	0.161* (1.686)	0.149* (1.895)	0.059 (0.840)	0.164 (0.951)	0.141 (1.076)	0.155 (1.398)
TTO	−0.250* (−1.746)	0.004 (0.259)	−0.015 (−1.236)	−0.189* (−1.855)	−0.191* (−1.836)	−0.040 (−1.316)	−0.049** (−2.087)	−0.012 (−0.680)
INDU	YES	YES	YES	YES	YES	YES	YES	YES
YEAR	YES	YES	YES	YES	YES	YES	YES	YES
调整 R^2	0.061	0.161	0.227	0.236	0.068	0.341	0.373	0.344
F	12.990***	25.500***	39.010***	55.450***	6.366***	27.600***	30.870***	25.500***
N	7903	7278	7593	7872	7903	7281	7588	7878

注：括号内为 t 值，*、**、*** 分别表示在 10%、5% 和 1% 的水平下显著。

三 稳健性检验

为了确保回归结果的可靠性，本书从变量度量、调节效应检验视角进行稳健性检验。回归结果与已有结论基本一致。

（一）企业经济利益与社会责任融合规模的再度量

借鉴尹开国等（2014a）的研究，采用总资产主营业务收益率度量企业经济利益，重新构建企业经济利益与社会责任融合规模的变量。SCEPS22 为企业和讯社会责任排名位次与总资产主营业务收益率排名位次的加总；SCEPS32 为企业华证 ESG 社会责任排名位次与总资产主营业务收益率排名位次的加总;SCEPS42 为企业润灵环球社会责任排名位次与总资产主营业务收益率排名位次的加总。回归结果与已有结论基本一致。

(二) 地区浮躁心态的再衡量

除利用《中国统计年鉴》中的交通事故数衡量社会浮躁心态,本书还采用百度指数"浮躁"关键词数据衡量社会浮躁心态(IMPU2)。利用 Python 开发的 OCR 程序从百度指数官网抓取样本期间每年每个地区"浮躁"关键词的综合趋势日数据,对每个地区每年的年均综合趋势取自然对数后作为社会浮躁心态的代理变量。地区民众对"浮躁"的网络检索间接反映了民众对于浮躁的关注程度,在一定程度上能够映射出民众的浮躁心态。为了检验浮躁心态的调节效应,本书依据社会浮躁心态(IMPU2)构建分组变量。IMPU2 的数值越大,地区浮躁心态越严重。当 IMPU2 的取值高于中位数时,IMPU22 赋值为 1,否为 0。回归结果见表 5-5,与已有结论基本一致。当地区浮躁心态严重时,地区道德文化(RMC)与企业社会责任理念(CSRVA)的交互项系数不再显著。回归结果验证了地区浮躁心态在企业经济利益与社会责任融合机制中发挥的负向作用。

表 5-5 地区浮躁心态的调节效应(百度搜索指数的度量视角)

变量	浮躁心态严重的地区 (IMPU22=1)				浮躁心态不严重的地区 (IMPU22=0)			
	(1) SCEPS1	(2) SCEPS2	(3) SCEPS3	(4) SCEPS4	(1) SCEPS1	(2) SCEPS2	(3) SCEPS3	(4) SCEPS4
常数项	0.986*** (15.739)	2.635*** (12.809)	2.070*** (16.998)	1.748*** (16.966)	1.010*** (8.555)	3.443*** (14.571)	2.476*** (12.975)	2.057*** (13.107)

续表

变量	浮躁心态严重的地区 (IMPU22=1)				浮躁心态不严重的地区 (IMPU22=0)			
	(1) SCEPS1	(2) SCEPS2	(3) SCEPS3	(4) SCEPS4	(1) SCEPS1	(2) SCEPS2	(3) SCEPS3	(4) SCEPS4
RMC	0.015*** (3.586)	0.006 (0.113)	0.121 (1.343)	0.091 (0.720)	0.013** (2.080)	0.101* (1.832)	0.138** (2.403)	0.048*** (2.746)
CSRVA	0.070*** (2.912)	0.105* (1.664)	0.067* (1.667)	0.006 (0.113)	0.019** (2.092)	0.073*** (9.367)	0.126** (2.201)	0.124** (2.535)
RMC×CSRVA	0.044 (0.708)	0.090 (1.009)	0.031 (0.473)	0.058 (1.241)	0.143** (2.303)	0.145** (2.341)	0.171* (1.845)	0.089** (2.005)
SIZE	−0.032*** (−3.177)	−0.076*** (−10.581)	−0.062*** (−13.438)	−0.051*** (−12.874)	−0.027*** (−3.490)	−0.091*** (−11.189)	−0.063*** (−9.651)	−0.050*** (−9.382)
AGE	0.001 (0.159)	0.065*** (2.832)	0.034** (2.008)	0.026* (1.947)	−0.021 (−1.329)	−0.002 (−0.078)	0.013 (0.491)	−0.006 (−0.295)
CASH	0.069 (1.098)	0.013* (1.950)	0.029** (2.111)	−0.009 (−1.444)	0.048 (0.917)	0.019*** (8.286)	0.017*** (4.260)	0.276*** (4.570)
ROE	0.234*** (14.549)	0.171*** (11.528)	0.157*** (2.620)	0.153*** (3.204)	0.045*** (2.583)	0.199*** (12.139)	0.176*** (13.200)	0.181*** (13.308)
LEV	−0.045** (−2.006)	0.221*** (2.653)	0.124*** (2.877)	0.081** (2.460)	−0.071*** (−3.113)	−0.027*** (−3.741)	0.168*** (3.869)	0.102*** (2.605)
MSR	−0.131*** (−7.443)	−0.714*** (−15.800)	−0.406*** (−12.733)	−0.408*** (−15.573)	−0.091 (−1.317)	−0.197 (−1.466)	−0.017 (−0.161)	−0.128 (−1.427)
SOE	0.018*** (2.609)	0.054*** (2.580)	0.001 (0.043)	0.027** (2.229)	0.022* (1.854)	0.019 (0.790)	−0.005 (−0.279)	0.008 (0.532)
PID	0.126*** (2.818)	0.272** (2.288)	0.195** (2.272)	0.169** (2.345)	0.016 (0.218)	0.065 (0.426)	0.077 (0.607)	0.114 (1.134)
TTO	−0.015* (−1.714)	0.002 (0.115)	−0.023* (−1.931)	−0.002 (−0.258)	−0.009* (−1.655)	−0.030 (−1.152)	−0.017 (−0.819)	−0.001 (−0.044)
INDU	YES	YES	YES	YES	YES	YES	YES	YES
YEAR	YES	YES	YES	YES	YES	YES	YES	YES
调整 R^2	0.065	0.161	0.231	0.242	0.0410	0.433	0.416	0.385
F	14.450***	26.780***	44.560***	60.680***	3.628***	48.790***	39.710***	31.880***
N	7900	7276	7590	7864	7906	7283	7591	7886

注：括号内为 t 值，*、**、*** 分别表示在 10%、5% 和 1% 的水平下显著。

（三）样本分组

本书在检验企业社会责任理念的调节效应时，采用了交互项方法。为了进一步检验企业社会责任理念的调节效应，本书依据企业是否存在社会责任理念，将样本公司分为"有社会责任理念组"和"无社会责任理念组"，分别对地区道德文化对企业经济利益与社会责任融合的影响效应进行回归分析。回归结果与已有结论基本一致，进一步验证了企业社会责任理念对地区道德文化对企业经济利益与社会责任融合积极影响的正向调节作用。

（四）层次回归模型

本书采用层次回归模型进一步探究地区道德文化、企业社会责任理念对企业经济利益与社会责任融合的影响效应。在控制变量的基础上，将自变量（地区道德文化）、调节变量（企业社会责任理念）、自变量与调节变量的交互项逐步纳入回归模型，进行回归分析，估计回归系数，统计拟合优度。依据复相关系数是否具有显著差别判断调节效应的显著性；根据特定回归方程调节变量回归系数以及交互项回归系数的显著程度，判断企业社会责任理念是否属于半调节变量。回归结果与已有结论基本一致，但是证实了企业社会责任理念不是半调节变量。

第五节 结论

基于文化嵌入与企业意志的双重视角，探究地区道德文化、企业社会责任理念对企业经济利益与社会责任融合的影响机制。在此基础上，进一步探究地区浮躁心态的差异性调节效应。研究发现，在企业经济利益与社会责任的融合层次与融合规模方面，地区道德文化作为非正式制度，发挥了显著的积极作用。当上市公司的理念、愿景或价值观涵盖公司对经济、社会、环境的责任时，地区道德文化对企业经济利益与社会责任融合的积极影响更加凸显。但是，当上市公司所在地的浮躁心态较为严重时，企业社会责任理念不再正向调节地区道德文化对企业经济利益与社会责任融合的推动效应。

  实践表明，营造良好的道德文化氛围、在组织内部积极倡导社会责任理念，同时密切关注地区浮躁心态可能带来的潜在危害，可以更好地发挥非正式制度在企业经济利益与社会责任融合层次和融合规模方面的积极作用。企业经济利益与社会责任的有机融合，需要文化因素作为外部因素有效嵌入，同时也需要企业自身营造良好的社会道德文化，潜移默化地指引企业在赢取经济利益时更好地兼顾社会价值。

第六章

企业经济利益与社会责任的融合机制研究：基于社会责任网络与社会责任领导机构的实证研究

第一节　引言

中国经济的可持续发展离不开微观企业的可持续发展。增强企业可持续发展意识，推动企业经济利益与社会责任融合是提高企业长期价值的关键所在，也是助力国家实现可持续发展的重要环节。

企业经济利益与社会责任的融合对于推动企业的可持续发展具有重要意义。然而，道德的经济价值具有合理性限度，即只有进入生产过程，且内化成为经济主体自觉意识的道德才能发挥精神生产力和价值增值的作用（王小锡，2011）。

从企业组织的角度来讲，当组织内外的基本制度安排能够获得充分的道德资源的支持时，企业社会责任才能为企业带来持续的经济价值。当组织内部的道德行为能够获得嘉许和赞扬，组织内部拥有公正、诚信、无私的道德环境时，企业才会长期承担社会责任。组织外部具有良好的道德氛围，在一定程度上也能推动企业主动承担社会责任。社会责任无法直接向经济价值转化，社会责任与经济价值的更好融合需要依靠组织内外的制度安排。

企业在社会责任方面的组织参与，从组织外部来说包括企业参加的社会责任网络，从组织内部来说涵盖社会责任的领导机构。企业在经济价值与社会责任方面的融合行为同时受到外部环境与企业自身因素的影响。从关系嵌入的角度来讲，企业加入社会责任网络表征了企业与其他企业在社会责任方面的关系。在社会嵌入理论的分析框架下，企业加入的社会责任网络会对企业的社会责任行为产生影响。另外，企业在社会责任方面的组织架构也会对社会责任行为产生影响。企业对外积极参与社会责任网络，对内积极构建社会责任的领导机构，能够在一定程度上为企业营造良好的道德环境，让员工的行为符合伦理原则和价值原则的双重标准，推动企业凝聚力和向心力的汇集，让企业社会责任意识真正内化于心、外化于行，最终推动企业效率的提升。

鉴于此，本书从关系嵌入维度选择企业加入的社会责任网络，从企业自身维度选择企业的社会责任领导机构，探究企业经济利益与社会责任融合的影响因素。在此基础上，依据地区不同程度的关系文化，进一步探讨企业经济利益与社会责任融合对关系文化的情景依赖性。

第六章　企业经济利益与社会责任的融合机制研究：基于社会责任网络与社会责任领导机构的实证研究

第二节　理论基础与研究假设

随着经济社会的高速发展，专业知识的日趋复杂化和精细化使得纵向垂直的价值链整合方式已难以满足企业的价值扩张。企业仅仅依靠自己的能力和拥有的资源无法适应迅速变化的商业环境，亟须加入外部组织网络以实现良性发展。企业通过网络搜寻与潜在合作伙伴建立合作关系，加入跨组织网络，获取关键资源，实现资源整合，是企业在"超竞争"环境中赢取竞争优势的有效途径（马艳艳等，2014）。

社会责任网络在本书特指上市公司加入的中国可持续发展工商理事会或全球契约中国网络。中国可持续发展工商理事会（CBCSD）于2003年10月成立，是多家国内外企业组成的由民政部批准注册的全国组织，旨在积极促进企业、政府和社会组织在可持续发展领域的对话、交流与合作，推动工商企业的可持续发展。中国可持续发展工商理事会与世界范围内的可持续发展工商理事会具有紧密联系，能够助推企业提高管理标准，在能源和气候变化等领域开展广泛合作，积极推动企业可持续发展报告的编制工作，提供人员培训，推动环保设施建设，鼓励清洁生产工艺的采用。CBCSD从2007年开始启动"企业社会责任1+3"行动计划。计划内容为1家会员企业带动其供应链条上的3家企业一起承担企业社会责任，在企业长远发展规划中纳入社会责任元素，并带动供应链伙伴企业积极承担社会责任。全球契约中国网络是联合国全球契约组织在2011年正式授权在中国设立的地区网络，旨在推动企业遵守人权、劳工标准、环境及反腐败等方面的十项基本原则，为中国企业和国际商业领域的交流提供合作平台，促进中国企业在经济全球化背景下的可持续发展。全球契约中国网络为中国企业提供契约培训，向联合国全球契约组织推荐中国社会责任的最佳实践，推动企业发布社会责任报告，加强企业之间的社会责任沟通，组织企业参与社会责任国际交流，在世界舞台上展现中国企业在可持续发展方面的成就。

网络资源观认为，企业之间的结网活动有助于企业获取资源（寿柯炎、魏江，2015）。企业可以利用网络能力获取知识资源，进而提升企业财务绩效和非财务绩效（李纲等，2017）。企业关键资源的获取可以跨越企业的组织边界，企业通过与组织外部机构的联系获取稀缺资源（Crespo et al.，2014）。价值网络能够帮助企业获取知识、信息等重要资源（Baum et al.，2015）。在动态性的复杂系统中，知识在利益相关者之间流动，能够有效提高各方利益相关者的知识水平（Arthur，2013）。在资源依赖理论的分析框架下，企业与外部组织之间进行资源互换以获得各自生存和发展所需的关键资源，企业之间的互动程度能够显著影响跨组织网络的价值共创程度。多样性网络能够提供多样化的合作伙伴，拥有大量的信息资源，能够减少企业搜索资源的时间成本和人力成本，推动组织迅速发展（Kogut and Zander，1997；Kotz，1985）。

企业加入社会责任网络后，在社会责任网络的组织下，能够积极履行社会责任，利用网络获取关键资源，促进知识流动，推动信息传播。社会责任网络致力于推动网络成员企业在可持续发展、社会责任承担方面做得更好。社会责任网络具备良好的网络协作和组

第六章 企业经济利益与社会责任的融合机制研究：基于社会责任网络与社会责任领导机构的实证研究

织能力，对于成员企业优化资源配置（雷振等，2017）、提升社会责任的履行质量具有重要意义。网络成员之间共享社会责任履行的成功经验，在相互协调中共享资源，共同推动可持续发展。合作创新理论认为，网络成员在共享资源方面的关系协调能力是网络成员合作的基础。社会责任网络成员企业之间的合作，有助于帮助企业更好地权衡经济利益与社会价值，实现企业经济利益与社会责任的更好融合，由此提出假设1。

假设1：上市公司加入社会责任网络后，企业经济利益与社会责任的融合程度更高。

领导在社会责任履行过程中具有重要作用（Strand，2011）。公司社会责任的履行离不开管理者的指引作用。Ng（2017）的研究就指出，企业领导者在员工和外部利益相关者的责任实践中发挥着重要的引领作用。依据战略参照点理论（Strategic Reference Point，SRP），组织内的领导和员工要选择一致参照点作为行动指南，形成合力决策，推动组织内部达成高度认同，以更有效地执行战略（Fiegenbaum et al.，1996）。计划行为理论也认为，公司的环保行为需要由领导者的价值观以及外在行为之间的一致性和完整性驱动。

社会学习理论认为，人类的大多数行为是通过观察示范者的行为及其结果而学得的，是认知过程，也是自我调节过程（Bandura，1986）。在企业组织中，领导是员工学习和模仿的主要对象。组织领导者对组织员工的工作态度、组织承诺以及组织绩效具有决定性作用（孟炎、田也壮，2015）。领导者的亲环境行为具有示范效应，能够推动员工主动承担环境责任，增强员工的环保承诺。领导者的社会责任理念及其具体的社会责任行为会对员工的伦理理念产生重要影响（Bandura，1977）。

领导活动是人类社会长期发展过程中形成的群体性社会实践机制，伦理道德是领导活动的基础。领导活动能够促成群体合作协同，实现人类社会福利的最大化（吴新辉，2019）。领导者是组织和员工之间传递信息和情感的重要纽带，对员工的环保组织公民行为具有显著影响（Han et al.，2019）。企业管理者能够为公司利益相关者提供帮助，传递社会共同价值，推动企业可持续发展（步行等，2021）。

交易型领导风格的龙头企业在员工社会责任方面的表现较好；变更型领导风格的龙头企业针对客户、社区、环境、公众、员工等的社会责任表现良好（陆华良、黄惠盈，2018）。变革型领导的德行垂范、愿景激励、领导魅力和个性化关怀对员工的社会责任态度有显著的积极影响（陈宏辉等，2015）。环境变革型领导通过与员工建立信息和情感传递关系，将其环保价值观、环保理念和环保态度传递给员工，为员工描绘组织的环境愿景（Robertson and Barling，2017），使员工认同环境可持续发展的重要性（Hameed et al.，2019），为员工提供资源和技术方面的支持，并帮助员工增强环保行为的自我效能感知，促使员工加入组织环境管理的行动中（Ajzen，1991），推动员工积极为环境保护做贡献（Han et al.，2019；Graves et al.，2012；田虹、所丹妮，2020）。绿色变革型领导对员工的绿色创造力具有显著的积极影响（李文静等，2020）。在道德污名较低的工作情境中，伦理型领导通过激发下级赞赏他人的道德情绪，促进下属的亲社会行为（毛江华等，2020）。

第六章　企业经济利益与社会责任的融合机制研究：基于社会责任网络与社会责任领导机构的实证研究

企业社会责任已经成为企业满足员工工作需要的参照系，有助于提高企业的人力资源管理效率（马俊等，2020）。企业社会责任通过变革型领导和交易型领导对人力资源管理效能发挥积极影响（马俊等，2020）。员工对领导者社会责任取向的感知能够显著提升员工的工作满意度（唐健雄等，2013）。当上市公司拥有社会责任领导机构时，负责社会责任的高管会将企业社会责任愿景与公司战略有机结合，增强员工对社会责任的情感认同，提高员工的工作满意度，形成公司的社会责任管理制度和政策。上市公司社会责任领导机构的组织保障使得组织领导在社会责任方面的示范引领作用充分发挥，也能够使企业更好地与社会责任网络及其成员企业进行有效沟通，从而推动企业更好地实现经济利益与社会责任的融合，由此提出假设2。

假设2：当上市公司有专门的领导机构负责社会责任事务时，加入社会责任网络的上市公司能够更好地融合企业的经济利益与社会责任。

与西方社会相比，中国人更倾向于依赖关系进行经济交易（Hwang，1987），并维系社会交往（朴雨淳，2006）。中国是"讲交情、攀关系"的社会，关系深深地渗透在中国人的经济、社会、政治生活中（董雅丽，2006）。关系建立在互惠互利的基础上（Fei，1992），是相互连接的网络空间中人与人之间的社会互动（Davies，1995），以资源交换作为维系合作伙伴的主要手段（朴雨淳，2006）。关系作为一种文化现象，标识着人类在何处以及如何相互合作、相互迁就、相互尊重、相互分离或相互放任的；关系文化是人们对待、处理和进行关系活动过程中遵循的普适原则（董雅丽，2006）。关系文化，诸如"人情""面子""潜规则"等，根深蒂固地存在于中国社会文化中，对企业的运营发挥着重要的作用。

关系文化已经潜移默化地成为中国人的社会关系规范，具备合法性的价值认同和行为倾向，是正式制度缺失时的重要的非正式制度安排（Xin and Pearce，1996）。也就是说，处于经济转型时期的社会，竞争程度和体制的不确定性较高，关系资本的作用空间相对较大（边燕杰、张磊，2013），能够在一定程度上发挥"润滑剂"的作用（Chen et al.，2011），突破传统的计划经济的体制约束（Aidis et al.，2008）。Peng 和 Luo（2000）认为，在制度环境和要素市场发育不完善的情况下，中国经济在转型期高速增长的一个重要原因就是，企业家通过关系网络实现了企业关键资源的获取。当正式合同需要依赖复杂的人际关系才能得到履行时，关系能够降低交易费用，提高交易效率（朴雨淳，2006）。企业利用关系文化可以获取市场准入、融资便利、税收优惠、财政补贴等方面的稀缺资源（Zhang et al.，2016；Chizema et al.，2015）。

"关系"反映了当事双方的交往深度和感情基础。良好的关系有助于当事方从另一方获取好处，融洽的交际氛围和基于互惠的利益均衡提高了各方得到有利资源的可能性（杨洪涛等，2011）。企业之间通过人情建立的合作关系增加了资源共享的可能（Lovett et al.，1999）。企业与政府之间构建的潜规则，有利于企业先于竞争者拿到项目或通过某种审批，提高竞争力。地区关系文化通过资源供给和共享对企业双元创新（探索式创新与利用式创新）发挥显著的激励作用（阳镇等，2021）。关系基础的强弱程度对创业供应链企业合作关系的资源贡献度和运作协调度具有正向作用（杨洪涛等，2011）。

第六章　企业经济利益与社会责任的融合机制研究：基于社会责任网络与社会责任领导机构的实证研究

从长远发展来看，关系文化可能存在很大的负面影响。关系文化可能会破坏市场规则。市场规则长期被破坏会导致市场参与者丧失信心，不利于市场的健康发展。由关系文化带来的强权和"搭便车"行为会负向影响市场交易（Morgan and Hunt，1994），甚至破坏市场公平。关系文化容易导致公司的内部腐败。在关系文化盛行的公司，员工致力于利用潜规则、人脉等与他人建立良好的关系，试图通过不正当渠道为自己谋取利益，进而侵蚀公司的利润。关系文化更易助长公司内部交易、关联方交易等违规行为。圈子、人脉、潜规则等在一定程度上增加了管理层为自己谋取利益最大化、边缘化企业利益的概率，还可能出现管理层滥用职权、用人不当等问题，给公司带来损失。企业很有可能因为关系文化的盛行而形成恶性竞争的不良风气，有损于公平和正义（Chen et al.，2004）。民众对"人脉"等关系文化的崇尚严重损害了公平正义，更容易形成负面舆情，对科技创新效率具有消极影响（周婷婷、郭岩，2020）。

当地区的关系文化盛行时，企业会模仿当地其他企业的行为策略以获取合法性，规避不确定性（Park and Luo，2001），比如通过行贿获取潜在收益（Gao，2011）。关系的维护需要关系网络成员持续不断地进行交换，投入大量时间和精力维护彼此之间的信任和情感（朴雨淳，2006）。关系文化伴随着企业高昂的人际维系成本，在推动寻租行为的同时也形成滋生腐败的土壤，不但增加了企业的运营成本，而且使企业家的注意力偏离市场竞争策略（李新春等，2016）。地区市场化进程、政治联系和业绩期望落差能够弱化关系文化带来的制度约束（李新春等，2016）。但是，关系的维系旨在追逐个人利益，很难确保关系的公共性（朴雨淳，2006）。

当地区关系文化盛行时，政府在环境污染、劳工雇佣、产品安全等方面的法律执行力度可能因"走后门"等行为而出现执行不力的情况，损害经济社会的可持续发展。关系文化带来的腐败、不良风气等造成企业更倾向于经营关系，而不是脚踏实地干事业，踏踏实实地履行社会责任。企业为维系关系付出的高昂成本也不利于企业的长远发展。虽然关系文化短期内能够为企业获取各类好处，但是企业经济利益与社会责任的长期有机融合靠"拉关系"是行不通的。而且，随着中国法律制度、要素市场的不断完善，关系对正式制度的替代功能也逐渐呈现出减弱的趋势。因此，本书认为，在企业经济利益与社会责任的融合方面，地区关系文化的盛行可能造成社会责任网络的积极影响被弱化，由此提出假设3。

假设3：在关系文化盛行的地区，社会责任网络对企业经济利益与社会责任融合的积极影响不再显著。

第三节 模型设计

一 数据来源

以2010~2020年中国沪深主板A股上市公司为初选样本，本书根据以下条件对初选样本进行筛选：剔除关键变量有缺失的样本；剔除金融类上市公司；剔除ST类上市公司。经过上述筛选得到的有效样本为1996家上市公司，共17311个观测值。

第六章　企业经济利益与社会责任的融合机制研究：基于社会责任
　　　　网络与社会责任领导机构的实证研究

本书针对 1996 家上市公司逐一排查，核实该上市公司是否加入社会责任网络，即中国可持续发展工商理事会或全球契约中国网络。最终确定，共有 33 家公司在 2010~2020 年成为中国可持续发展工商理事会或全球契约中国网络的会员，共 352 个观测值。

上市公司基金会的建立数据部分源自中国研究数据服务平台（CNRDS）的中国非营利组织数据库。由于 CNRDS 对基金会的数据更新较慢，本书对基金会官网、中国社会组织政务服务平台、基金会中心网等披露的基金会信息进行了手工收录，以确保数据获取的全面性。企业社会责任数据分别从润灵环球官网、和讯网以及 WIND 数据库采集。社会责任网络数据来自中国可持续发展工商理事会官网、全球契约中国网络官网。企业社会责任领导机构数据来源于中国研究数据服务平台（CNRDS）的企业社会责任数据库以及上市公司官网。关系文化数据来自百度指数官网。其余数据来自 CSMAR 数据库。为了避免异常值的影响，对连续变量进行 1% 的缩尾处理。

二　回归模型

基于倾向得分匹配（PSM）的双重差分模型 PSM-DID，可以使对照组和实验组在进行回归分析之前满足平行性假设，由此得到的政策效应更为纯粹，这一点是传统的双重差分模型（DID）所不能实现的。本书使用的 PSM-DID 方法首先由 Heckman 等（1997）提出，方法原理是先利用 PSM 方法对实验组和对照组进行匹配，接着对匹配成功的样本进行回归。

PSM-DID 方法的思想源于匹配估计量，区别于传统的匹配方法，倾向得分匹配方法能够把企业多个维度的信息综合成一个倾向得分值，通过实验组和对照组倾向得分值的差值进行匹配。匹配模型选择的控制变量为：公司规模、公司年龄、资产负债率、股权性质、盈利能力、企业文化中是否包含社会责任理念、企业是否获得过社会责任方面的奖项、行业和年度虚拟变量。

传统的 DID 模型研究的是单一时点上的政策效应，而我国上市公司加入社会责任网络并不是在同一时间点完成的，而是分时点的，上市公司会根据自身的实际需要选择是否加入社会责任网络，传统的 DID 不适用于时间点差异情况下的分析。本书参考刘建民等（2017）、陈思等（2017）的做法，构建多时点 DID 模型，将加入社会责任网络的上市公司作为实验组，而未加入社会责任网络的上市公司作为对照组。本书基于全样本构建如下多时点 DID 模型：

$$SCEPS = \alpha + \beta_1 TREATN + \beta_2 POSTN + \beta_3 TREATN \times POSTN + \beta_4 SIZE + \beta_5 AGE + \beta_6 CASH + \beta_7 ROE + \beta_8 LEV + \beta_9 MSR + \beta_{10} SOE + \beta_{11} PID + \beta_{12} TTO + \sum INDU + \sum YEAR + \varepsilon \quad (6-1)$$

$SCEPS$ 代表企业经济利益与社会责任融合程度的四个变量（$SCEPS1$、$SCEPS2$、$SCEPS3$、$SCEPS4$）。$SCEPS1$ 为企业经济利益与社会责任的融合层次。$SCEPS2$、$SCEPS3$、$SCEPS4$ 为企业经济利益与社会责任的融合规模。

$SCEPS1 = \ln(1+s)$，s 表征企业融合层次上的差异，对于污点无善、底线无善、污点行善与公益慈善企业的赋值分别为 1、2、2 和 $3+N$。底线无善与污点行善企业的融合程度不易区分，但均比污点无善企业要好，故取值为 2。N 是企业在第 t 年满足如下三项的总和：已连续五年做慈善、已设立慈善基金会、荣登中国慈善榜。

$SCEPS2$ 为数值变量，反映企业和讯社会责任评级与净资产收益率的综合排名，以反映企业经济利益与社会责任的融合规模。$SCEPS2 = N2/N1 + N4/N3$，具体衡量方式如下。首先，将上市公司和讯社会责任评级总评分升序排列，每个上市公司的社会责任质量都按照名次除以公司总数进行赋值。和讯上市公司社会责任报告评级体系从股东责任，供应商、客户和消费者权益责任，员工责任，环境责任，社会责任五个维度，区分行业设置权重，评价上市公司社会责任。比如，将所有上市公司（总数为 $N1$）和讯社会责任评级总评分升序排列后，A 公司排在第 $N2$ 位，则 A 公司的社会责任质量赋值为 $N2/N1$。其次，将上市公司的净资产收益率升序排列，每个上市公司获得的经济利益都按照名次除以公司总数进行赋值。比如，将所有上市公司（总数为 $N3$）的净资产收益率升序排列后，A 公司排在第 $N4$ 位，则 A 公司的社会责任质量赋值为 $N4/N3$。$SCEPS2$ 的数值越大，表明企业经济利益与社会责任的融合规模越大。

$SCEPS3$ 为数值变量，反映企业华证 ESG 评级与净资产收益率的综合排名，以反映企业经济利益与社会责任的融合规模。$SCEPS3 = N6/9 + N8/N7$，具体衡量方式如下。首先，将上市公司华证 ESG 评级总评分升序排列，每个上市公司的社会责任质量都按照名次除以社会责任评级总档数进行赋值。华证ESG评级涵盖环境（Environmental）、社会（Social）和治理（Governance）三个维度的评级结果，基于AI驱动的大数据引擎，集成上市公司公开披露数据、国家监管部门公告以及新闻媒体报道等数据，构建的底层数据指标超过130个，依据指标得分和权重矩阵，评价全部A股上市公司每季度的ESG综合表现，从最高档（AAA）到最低档（C），共9个档。比如，将所有上市公司华证ESG评级总评分升序排列后，A公司排在第$N6$位（$N6$的取值为1~9），则A公司的社会责任质量赋值为$N6/9$。其次，将上市公司的净资产收益率升序排列，每个上市公司赢取的经济利益都按照名次除以公司总数进行赋值。比如，将所有上市公司（总数为$N7$）的净资产收益率升序排列后，A公司排在第$N8$位，则A公司的社会责任质量赋值为$N8/N7$。$SCEPS3$的数值越大，表明企业经济利益与社会责任的融合规模越大。

$SCEPS4$为数值变量，反映企业润灵环球责任评级与净资产收益率的综合排名，以反映企业经济利益与社会责任的融合规模。$SCEPS4 = N10/N9 + N12/N11$，具体衡量方式如下。首先，将上市公司润灵环球责任评级总评分升序排列，每个上市公司的社会责任质量都按照名次除以公司总数进行赋值。润灵环球责任评级采用结构化专家打分法，从整体性、内容性、技术性、行业性四个零级指标出发，对A股上市公司的社会责任进行综合评价。比如，将所有上市公司（总数为$N9$）润灵环球责任评级总评分升序排列后，A公司排在第$N10$位，则A公司的社会责任质量赋值为$N10/N9$。其次，将上市公司的净资产收益率升序排列，每个上市公司获得的经济利益都按照名次除以公司总数进行赋值。比如，将所有上市公司（总数

第六章　企业经济利益与社会责任的融合机制研究：基于社会责任网络与社会责任领导机构的实证研究

为 N11）的净资产收益率升序排列后，A 公司排在第 N12 位，则 A 公司的社会责任质量赋值为 N12/N11。SCEPS4 的数值越大，表明企业经济利益与社会责任的融合规模越大。

TREATN 为处理组虚拟变量，加入中国可持续发展工商理事会或全球契约中国网络的上市公司赋值为 1，否为 0。POSTN 为处理期虚拟变量，上市公司加入中国可持续发展工商理事会或全球契约中国网络之后，赋值为 1，否为 0。如果上市公司加入中国可持续发展工商理事会或全球契约中国网络的时间不一致，则以先加入的时间为准对 POSTN 进行赋值。

为了尽可能准确地研究上市公司经济利益与社会责任融合程度的影响因素，借鉴郑登津和谢德仁（2019）、唐亮等（2018）、潘越等（2017）的研究，选择如下控制变量：公司规模（SIZE；公司总资产的自然对数）、公司年龄（AGE；公司成立时间的自然对数）、现金状况（CASH；每股经营活动产生的现金流量净额）、净资产收益率（ROE；净利润/股东权益余额）、资产负债率（LEV；负债/总资产）、管理层持股比例（MSR；管理层持股数占总股数的比重）、股权性质（SOE；若公司实际控制人为国企，赋值为 1，否则为 0）、独立董事比例（PID；独立董事占董事总数的比重）、两职合一（TTO；董事长与总经理是否为同一人，是为 1，否为 0）、行业（INDU）和年度（YEAR）虚拟变量。

在回归模型（6-1）的基础上，本书选择两个分组变量作为调节变量，进一步分析社会责任网络对企业经济利益与社会责任融合的差异性影响。

本书依据社会责任领导机构（CSRL；当公司建立社会责任领导

机构或有明确的社会责任主管部门时，取值为 1，否为 0）对样本进行分组，进一步探究社会责任网络对上市公司经济利益与社会责任融合的差异性影响。

本书选择地区关系文化作为另一个调节变量，进一步探究企业经济利益与社会责任融合影响因素的情境依赖性。关系文化数据来自百度指数官网。百度指数基于百度海量网民的搜索量，以关键词为统计对象，科学计算各个关键词在百度网页中搜索频次的加权和，在一定程度上反映了网络民众对"关键词"的关注度。本书选择六个关键词——"送礼""走后门""潜规则""人脉""圈子""面子"，利用 Python 开发的爬虫 OCR 程序抓取百度指数日数据，计算各关键词的整体趋势的年度平均值（REL），得到六个反映地区关系文化（$RELCUL$）的变量："送礼"的年均整体趋势（$GGSUM$）、"走后门"的年均整体趋势（$BDSUM$）、"潜规则"的年均整体趋势（$LRSUM$）、"人脉"的年均整体趋势（$CONNSUM$）、"圈子"的年均整体趋势（$CIRSUM$）、"面子"的年均整体趋势（$FACESUM$）。以"送礼"的年均整体趋势（$GGSUM$）为例说明。从百度指数官网上抓取每年每个地区"送礼"的整体趋势日数据，将当年度的所有日数据加总再除以当年的天数总和得到每年每个地区"送礼"的年均整体趋势（$GGSUM$）。关系文化（$RELCUL$）数值越高，表示当地网络民众对关系文化的关注度越高，从侧面反映出当地关系文化越盛行。

在此基础上，进一步构建关系文化的分组变量。当 $GGSUM$ 的取值高于中位数时（关系文化较为盛行），送礼（$RCSL$）赋值为 1，否为 0；当 $BDSUM$ 的取值高于中位数时（关系文化较为

第六章 企业经济利益与社会责任的融合机制研究：基于社会责任网络与社会责任领导机构的实证研究

盛行)，走后门（*RCZHM*）赋值为 1，否为 0；当 *LRSUM* 的取值高于中位数时（关系文化较为盛行），潜规则（*RCQGZ*）赋值为 1，否为 0；当 *CONNSUM* 的取值高于中位数时（关系文化较为盛行），人脉（*RCRM*）赋值为 1，否为 0；当 *CIRSUM* 的取值高于中位数时（关系文化较为盛行），圈子（*RCQZ*）赋值为 1，否为 0；当 *FACESUM* 的取值高于中位数时（关系文化较为盛行），面子（*RCMZ*）赋值为 1，否为 0（见表 6-1）。由于百度指数的整体趋势仅有 2011 年以来的数据，所以关系文化的采集区间为 2011~2020 年。

表 6-1 变量定义

	变量	衡量方式
因变量	企业经济利益与社会责任的融合层次（*SCEPS*1）	*SCEPS*1=ln(1+s)，s 表征企业融合层次上的差异，对于污点无善、底线无善、污点行善与公益慈善企业的赋值分别为 1、2、2 和 3+*N*。底线无善与污点行善企业的融合程度不易区分，但均比污点无善企业要好，故取值为 2。*N* 是企业在第 *t* 年满足如下三项的总和：已连续五年做慈善、已设立慈善基金会、荣登中国慈善榜
	企业经济利益与社会责任的融合规模（*SCEPS*2、*SCEPS*3、*SCEPS*4）	*SCEPS*2= *N*2/*N*1+ *N*4/*N*3，企业和讯社会责任排名位次与净资产收益率排名位次的加总
		*SCEPS*3= *N*6/9+ *N*8/*N*7，企业华证 ESG 社会责任排名位次与净资产收益率排名位次的加总
		*SCEPS*4= *N*10/*N*9+ *N*12/*N*11，企业润灵环球社会责任排名位次与净资产收益率排名位次的加总
自变量	处理组虚拟变量（*TREATN*）	加入中国可持续发展工商理事会或全球契约中国网络的上市公司赋值为 1，否为 0
	处理期虚拟变量（*POSTN*）	上市公司加入中国可持续发展工商理事会或全球契约中国网络之后，赋值为 1，否为 0

续表

	变量	衡量方式
调节变量	社会责任领导机构 (CSRL)	当公司建立社会责任领导机构或有明确的社会责任主管部门时，取值为1，否为0
	送礼 (RCSL)	当GGSUM(百度指数官网"送礼"的年均整体趋势)的取值高于中位数时，RCSL赋值为1，否为0
	走后门 (RCZHM)	当BDSUM(百度指数官网"走后门"的年均整体趋势)的取值高于中位数时，RCZHM赋值为1，否为0
	潜规则 (RCQGZ)	当LRSUM(百度指数官网"潜规则"的年均整体趋势)的取值高于中位数时，RCQGZ赋值为1，否为0
	人脉 (RCRM)	当CONNSUM(百度指数官网"人脉"的年均整体趋势)的取值高于中位数时，RCRM赋值为1，否为0
	圈子 (RCQZ)	当CIRSUM(百度指数官网"圈子"的年均整体趋势)的取值高于中位数时，RCQZ赋值为1，否为0
	面子 (RCMZ)	当FACESUM(百度指数官网"面子"的年均整体趋势)的取值高于中位数时，RCMZ赋值为1，否为0
控制变量	公司规模 (SIZE)	公司总资产的自然对数
	公司年龄 (AGE)	公司成立时间的自然对数
	现金状况 (CASH)	每股经营活动产生的现金流量净额
	净资产收益率 (ROE)	净利润/股东权益余额
	资产负债率 (LEV)	负债/总资产
	管理层持股比例 (MSR)	管理层持股数占总股数的比重
	股权性质 (SOE)	若公司实际控制人为国企，赋值为1，否为0
	独立董事比例 (PID)	独立董事占董事总数的比重
	两职合一 (TTO)	董事长与总经理是否为同一人，是为1，否为0
	行业 (INDU)	针对上市公司行业类别设置系列虚拟变量
	年度 (YEAR)	针对研究区间设置系列虚拟变量

第六章 企业经济利益与社会责任的融合机制研究：基于社会责任网络与社会责任领导机构的实证研究

第四节 回归分析

一 描述性统计

表 6-2 给出了变量的描述性统计。企业经济利益与社会责任的融合层次（SCEPS1）的均值为 1.509。企业经济利益与社会责任的融合规模 SCEPS2、SCEPS3、SCEPS4 的均值分别为 0.988、0.828、0.733。5.3% 的上市公司成立了社会责任领导机构或有明确的社会责任主管部门。送礼（RCSL）、走后门（RCZHM）、潜规则（RCQGZ）的均值分别为 0.500、0.551、0.545。人脉（RCRM）、圈子（RCQZ）、面子（RCMZ）的均值分别为 0.506、0.500、0.500。公司规模（SIZE）的均值为 22.500。公司年龄（AGE）的均值为 2.866。样本公司每股经营活动产生的现金流量净额的均值为 0.519。样本上市公司的平均净资产收益率为 3.3%。样本上市公司的平均负债水平为 51.1%。管理层持股的平均比重为 4.6%。43.7% 的样本公司为国有企业。独立董事平均比例为 37.2%，略高于 1/3。8.5% 的样本上市公司的董事长和 CEO 由同一人担任。

表 6-2 变量的描述性统计

变量	均值	中位数	标准差	变量	均值	中位数	标准差
SCEPS1	1.509	1.609	0.209	TREATN	0.500	0.500	0.501
SCEPS2	0.988	0.952	0.507	POSTN	0.517	1.000	0.501
SCEPS3	0.828	0.813	0.400	CSRL	0.053	0.000	0.223
SCEPS4	0.733	0.736	0.321	RCSL	0.500	0.500	0.501

续表

变量	均值	中位数	标准差	变量	均值	中位数	标准差
RCZHM	0.551	1.000	0.499	CASH	0.519	0.321	2.501
RCQGZ	0.545	1.000	0.499	ROE	0.033	0.074	1.586
RCRM	0.506	1.000	0.501	LEV	0.511	0.456	1.445
RCQZ	0.500	0.500	0.501	MSR	0.046	0.00004	0.133
RCMZ	0.500	0.500	0.501	SOE	0.437	0.000	0.344
SIZE	22.500	22.310	1.711	PID	0.372	0.333	0.056
AGE	2.866	2.890	0.336	TTO	0.085	0.000	0.386

二 回归结果分析

基于PSM-DID模型，本书利用倾向得分匹配法对实验组和控制组采用最近邻匹配方法，进行1∶1匹配。匹配后，对各变量在实验组和控制组之间是否存在显著偏差进行检验。各匹配变量平均值偏差的绝对值均小于5%，且t统计值显示不存在显著差异，说明以上变量在实验组和控制组中均衡分布。样本在匹配后平衡性较好，两组样本满足统计意义上的同质性要求，符合DID方法使用的基本假设条件。

基于倾向得分匹配法匹配后的样本，表6-3给出了社会责任网络对企业经济利益与社会责任融合影响的回归结果。处理组虚拟变量（TREATN）与处理期虚拟变量（POSTN）的交互项系数均在1%的水平下显著为正，表明上市公司加入中国可持续发展工商理事会或全球契约中国网络之后，能够更好地融合企业经济利益与社会责任。社会责任网络在网络成员企业的知识和资源获取、可持续发展

第六章　企业经济利益与社会责任的融合机制研究：基于社会责任
　　　　网络与社会责任领导机构的实证研究

等方面具有积极影响，最终推动了企业经济利益与社会责任的有机融合。

表 6-3　社会责任网络对企业经济利益与社会责任融合的影响

变量	(1) SCEPS1	(2) SCEPS1	(3) SCEPS2	(4) SCEPS2	(5) SCEPS3	(6) SCEPS3	(7) SCEPS4	(8) SCEPS4
常数项	1.536*** (80.250)	0.873*** (3.668)	1.055*** (17.534)	1.469** (2.024)	0.906*** (20.852)	1.645** (2.331)	0.737*** (20.002)	1.392*** (3.045)
TREATN	−0.012 (−0.270)	0.260* (1.899)	0.005 (0.107)	0.132 (1.447)	0.123* (1.730)	0.070** (2.129)	0.180*** (10.897)	0.155*** (11.603)
POSTN	−0.017 (−0.295)	0.008 (0.174)	0.027 (0.136)	0.030 (0.145)	0.014 (0.086)	−0.057 (−0.382)	−0.031 (−0.246)	−0.052 (−0.475)
TREATN ×POSTN	0.035*** (3.720)	0.149*** (17.202)	0.202*** (16.050)	0.164*** (13.324)	0.150*** (18.084)	0.045*** (2.883)	0.176*** (20.551)	0.196*** (14.110)
SIZE		−0.127** (−2.321)		−0.046* (−1.671)		−0.039** (−2.277)		−0.029* (−1.762)
AGE		0.031 (0.891)		0.056 (0.447)		−0.093 (−0.934)		−0.003 (−0.057)
CASH		0.013* (1.938)		0.060*** (3.832)		0.126*** (9.468)		0.083*** (4.692)
ROE		0.070*** (3.483)		0.159*** (10.460)		0.192*** (10.748)		0.148*** (9.299)
LEV		0.082 (1.052)		0.314 (1.070)		−0.115 (−0.591)		0.022 (0.138)
MSR		−0.363*** (−3.673)		−0.166** (−1.984)		−0.166* (−1.941)		−0.009 (−0.046)
SOE		−0.087** (−2.278)		0.007 (0.049)		0.102 (1.052)		0.065 (0.988)
PID		−0.237 (−1.135)		−0.478 (−0.762)		−0.725* (−1.799)		−0.656* (−1.745)
TTO		−0.081** (−2.404)		−0.113** (−2.486)		0.156 (1.408)		−0.092* (−1.703)
INDU		YES		YES		YES		YES

续表

变量	(1) SCEPS1	(2) SCEPS1	(3) SCEPS2	(4) SCEPS2	(5) SCEPS3	(6) SCEPS3	(7) SCEPS4	(8) SCEPS4
YEAR		YES		YES		YES		YES
调整 R^2	0.009	0.272	0.094	0.221	0.121	0.262	0.142	0.363
F	0.548***	5.379***	3.322***	3.644***	3.021***	4.900***	3.154***	8.399***
N	704	620	628	552	668	592	696	620

注：括号内为 t 值，*、**、*** 分别表示在 10%、5% 和 1% 的水平下显著。

表 6-4 依据上市公司是否成立了专门的社会责任领导机构，将样本分为两组（有社会责任领导机构组和无社会责任领导机构组），进一步探讨社会责任网络对企业经济利益与社会责任融合的差异性影响。对于成立社会责任领导机构的上市公司而言，处理组虚拟变量（TREATN）与处理期虚拟变量（POSTN）的交互项系数均至少在 10% 的水平下显著为正。对于没有成立社会责任领导机构的上市公司而言，处理组虚拟变量（TREATN）与处理期虚拟变量（POSTN）的交互项系数均不显著。回归结果表明，社会责任领导机构提供的组织保证为企业社会责任的履行提供了制度支撑，能够增强员工对社会责任的情感认同，在社会责任领导的示范引领作用下，社会责任网络成员之间进行有效沟通，使得社会责任网络对企业经济利益与社会责任融合的积极影响更加凸显。

表 6-4 社会责任领导机构的调节效应

变量	有社会责任领导机构组 (CSRL=1)				无社会责任领导机构组 (CSRL=0)			
	(1) SCEPS1	(2) SCEPS2	(3) SCEPS3	(4) SCEPS4	(5) SCEPS1	(6) SCEPS2	(7) SCEPS3	(8) SCEPS4
常数项	0.800* (2.189)	0.824 (1.045)	2.911*** (3.280)	1.850** (2.942)	0.912*** (3.318)	2.148** (2.284)	1.683** (2.296)	1.361** (2.542)

第六章　企业经济利益与社会责任的融合机制研究：基于社会责任网络与社会责任领导机构的实证研究

续表

变量	有社会责任领导机构组 (CSRL=1)				无社会责任领导机构组 (CSRL=0)			
	(1) SCEPS1	(2) SCEPS2	(3) SCEPS3	(4) SCEPS4	(5) SCEPS1	(6) SCEPS2	(7) SCEPS3	(8) SCEPS4
TREATN	0.504*** (3.749)	0.262** (2.338)	0.183* (1.918)	0.146** (2.004)	0.053 (0.749)	0.064 (1.148)	0.082*** (3.162)	0.209*** (10.273)
POSTN	0.031 (1.279)	0.015** (2.376)	0.036 (0.755)	−0.038 (−1.375)	0.016 (0.362)	0.024 (0.133)	−0.062 (−0.423)	−0.050 (−0.378)
TREATN ×POSTN	0.025* (2.134)	0.038*** (3.797)	0.400** (2.188)	0.187*** (4.810)	−0.036 (−0.599)	0.228 (1.009)	0.006 (0.444)	0.222 (1.326)
SIZE	−0.225*** (−5.661)	0.027 (0.809)	−0.036 (−1.436)	−0.019 (−1.236)	−0.201*** (−3.582)	−0.092** (−2.643)	−0.040 (−1.615)	−0.056*** (−2.936)
AGE	−0.065* (−1.826)	0.165 (1.192)	−0.053 (−0.507)	−0.040 (−0.800)	0.027 (0.775)	−0.007 (−0.067)	−0.070 (−0.674)	0.037 (0.563)
CASH	0.082*** (5.025)	0.079*** (5.778)	0.015 (0.223)	0.006 (0.152)	0.167*** (10.566)	−0.016 (−0.609)	0.112*** (6.358)	−0.020 (−0.925)
ROE	0.148*** (7.648)	0.153*** (10.130)	0.113*** (8.065)	0.152*** (7.280)	0.161*** (9.713)	0.024 (1.546)	0.176*** (7.852)	0.172*** (9.716)
LEV	0.405*** (3.718)	0.492** (2.492)	−0.155 (−0.467)	0.223 (1.074)	0.037 (0.436)	0.099 (0.388)	−0.151 (−0.669)	0.018 (0.100)
MSR	−0.463*** (−9.320)	−0.275* (−1.779)	−0.847 (−1.414)	−0.041** (−2.621)	−0.203** (−2.381)	0.131 (0.338)	0.270 (1.187)	0.055 (0.235)
SOE	−0.125*** (−3.292)	−0.743*** (−4.330)	−0.232* (−1.844)	−0.274** (−2.124)	−0.088* (−1.826)	0.152 (1.186)	0.198* (1.693)	0.153* (1.902)
PID	−0.242 (−1.047)	−1.254** (−2.519)	−1.180* (−2.130)	−1.084*** (−4.159)	−0.375 (−1.265)	0.997 (1.325)	−0.068 (−0.129)	0.510 (1.081)
TTO	−0.191*** (−3.670)	−0.066* (−1.746)	−0.431* (−1.800)	−0.503*** (−4.131)	−0.080*** (−3.113)	−0.115* (−1.772)	−0.115** (−2.521)	−0.314** (−2.176)
INDU	YES	YES	YES	YES	YES	YES	YES	YES
YEAR	YES	YES	YES	YES	YES	YES	YES	YES
调整 R^2	0.550	0.544	0.208	0.531	0.131	0.252	0.223	0.235
F	3.944***	3.325***	6.971***	5.611***	13.490***	4.115***	20.160***	4.897***
N	220	212	216	220	400	340	376	400

注：括号内为t值，*、**、*** 分别表示在10%、5%和1%的水平下显著。

表 6-5 依据百度"送礼"关键词的年均整体趋势数值,将上市公司所在地区划分为关系文化盛行的地区和关系文化不盛行的地区,进一步分析社会责任网络对企业经济利益与社会责任融合的差异性影响。在关系文化盛行的地区,处理组虚拟变量($TREATN$)与处理期虚拟变量($POSTN$)的交互项系数均不显著。在关系文化不盛行的地区,处理组虚拟变量($TREATN$)与处理期虚拟变量($POSTN$)的交互项系数均至少在 10% 的水平下显著为正。回归结果表明,关系文化为企业带来了高昂的关系运营成本,使企业不能专注于提高企业的经济价值,也不能脚踏实地履行社会责任,社会责任网络对企业经济利益与社会责任融合的积极影响因关系文化盛行而呈现出弱化趋势。

表 6-5 关系文化的调节效应(百度指数"送礼"维度)

变量	关系文化盛行的地区 ($RCSL=1$)				关系文化不盛行的地区 ($RCSL=0$)			
	(1) $SCEPS1$	(2) $SCEPS2$	(3) $SCEPS3$	(4) $SCEPS4$	(5) $SCEPS1$	(6) $SCEPS2$	(7) $SCEPS3$	(8) $SCEPS4$
常数项	0.025*** (3.969)	0.138*** (5.730)	0.242*** (12.917)	0.193*** (12.359)	0.180*** (10.794)	0.209*** (10.617)	0.118*** (4.324)	0.240*** (11.112)
$TREATN$	−0.063 (−0.716)	0.111 (0.379)	0.006 (0.032)	0.058 (0.780)	0.011* (1.961)	0.089*** (2.693)	−0.383 (−1.174)	−0.010 (−0.046)
$POSTN$	−0.127 (−1.275)	−0.007 (−0.029)	0.075 (0.497)	0.040 (0.252)	0.189** (2.304)	1.111** (2.331)	0.460** (2.266)	0.063 (0.560)
$TREATN \times POSTN$	0.067 (0.725)	−0.088 (−0.268)	−0.052 (−0.231)	−0.081 (−0.496)	0.040** (2.177)	0.260* (1.934)	0.213*** (2.962)	0.012** (2.427)
$SIZE$	−0.087* (−1.955)	−0.015* (−1.952)	−0.138** (−2.241)	−0.030** (−2.118)	−0.057*** (−3.618)	−0.112*** (−5.969)	−0.019** (−2.075)	−0.015* (−1.761)
AGE	−0.022 (−0.238)	0.292 (1.037)	0.233 (1.128)	0.237* (1.761)	0.001 (0.018)	−0.296 (−0.989)	−0.265 (−1.524)	−0.154* (−1.748)

续表

变量	关系文化盛行的地区 (RCSL = 1)				关系文化不盛行的地区 (RCSL= 0)			
	(1) SCEPS1	(2) SCEPS2	(3) SCEPS3	(4) SCEPS4	(5) SCEPS1	(6) SCEPS2	(7) SCEPS3	(8) SCEPS4
CASH	0.025*** (4.015)	0.014 (1.269)	0.148*** (12.023)	0.050*** (2.729)	0.220*** (13.463)	0.188*** (12.287)	0.165*** (13.242)	0.063*** (3.110)
ROE	0.031*** (3.475)	0.120 (1.444)	0.097 (1.318)	0.058 (1.085)	0.191*** (14.550)	0.231*** (13.611)	0.189*** (13.697)	0.219*** (11.326)
LEV	0.083 (0.528)	0.309 (0.785)	−0.201 (−0.545)	0.041 (0.243)	−0.010 (−0.078)	−0.186 (−0.431)	−0.385 (−1.130)	−0.378* (−1.700)
MSR	−2.943*** (−6.457)	−1.839*** (−5.350)	−1.883*** (−7.860)	−0.031* (−1.791)	−0.326** (−2.220)	−0.395*** (−2.580)	−0.158** (−2.300)	−0.075* (−1.802)
SOE	−0.067 (−0.793)	0.022 (0.097)	0.161 (0.822)	0.097 (0.968)	−0.164 (−1.514)	0.046 (0.178)	0.081 (0.429)	0.046 (0.362)
PID	−0.350 (−0.774)	0.236 (0.334)	0.457 (0.887)	−0.073 (−0.216)	−0.108 (−0.317)	0.461 (0.372)	−0.368 (−0.638)	−0.186 (−0.317)
TTO	−0.116** (−2.174)	−0.108** (−2.203)	−0.110* (−1.909)	−0.222*** (−3.064)	−0.264*** (−3.344)	−0.345*** (−5.287)	−0.210*** (−4.612)	−0.087** (−2.201)
INDU	YES	YES	YES	YES	YES	YES	YES	YES
YEAR	YES	YES	YES	YES	YES	YES	YES	YES
调整 R^2	0.295	0.699	0.643	0.782	0.584	0.626	0.457	0.618
F	4.018***	8.201***	17.320***	13.140***	4.220***	4.921***	19.660***	5.526***
N	296	280	280	296	324	272	312	324

注：括号内为 t 值，*、**、*** 分别表示在 10%、5% 和 1% 的水平下显著。

表6-6 依据百度"走后门"关键词的年均整体趋势数值，将上市公司所在地区划分为关系文化盛行的地区和关系文化不盛行的地区，进一步分析社会责任网络对企业经济利益与社会责任融合的差异性影响。在关系文化盛行的地区，处理组虚拟变量（TREATN）与处理期虚拟变量（POSTN）的交互项系数均不显著。在关系文化不盛行的地区，处理组虚拟变量（TREATN）与处理期虚拟变量

（*POSTN*）的交互项系数均至少在 10% 的水平下显著为正。回归结果表明，地区关系文化不利于市场和法律规则的有效实施，关系文化导致了不公平和走捷径的问题，对社会责任网络的积极影响产生了抑制作用。

表 6-6　关系文化的调节效应（百度指数"走后门"维度）

变量	关系文化盛行的地区 (*RCZHM* = 1)				关系文化不盛行的地区 (*RCZHM* = 0)			
	(1) *SCEPS*1	(2) *SCEPS*2	(3) *SCEPS*3	(4) *SCEPS*4	(5) *SCEPS*1	(6) *SCEPS*2	(7) *SCEPS*3	(8) *SCEPS*4
常数项	0.876*** (2.988)	1.090 (1.152)	1.407** (2.213)	1.317** (2.281)	0.963* (1.698)	3.020** (2.352)	1.628* (1.714)	1.845** (2.502)
TREATN	−0.030 (−0.579)	0.096 (0.402)	−0.046 (−0.384)	0.097 (1.655)	0.897* (1.942)	0.793 (0.522)	1.683* (1.821)	1.340** (2.222)
POSTN	−0.009 (−0.129)	−0.218 (−1.575)	0.009 (0.780)	−0.092 (−0.557)	0.060 (1.150)	0.516** (2.518)	0.146 (0.607)	0.060 (0.353)
TREATN ×*POSTN*	−0.042 (−0.487)	0.140 (0.584)	0.096 (0.272)	0.024 (0.145)	0.028** (2.596)	0.043** (2.047)	0.257* (1.791)	0.408** (2.043)
SIZE	−0.640*** (−3.303)	−0.025 (−0.717)	−0.038* (−1.780)	−0.045** (−2.549)	−0.173* (−1.846)	−0.088* (−1.838)	−0.002 (−0.051)	−0.027 (−0.903)
AGE	0.055 (1.069)	0.110 (0.759)	0.048 (0.481)	0.091 (1.057)	−0.010 (−0.158)	−0.166 (−1.024)	−0.123 (−1.109)	−0.084 (−1.096)
CASH	0.011** (2.592)	0.006 (0.636)	0.259* (1.775)	0.717** (2.213)	0.746** (2.259)	0.825** (2.647)	0.328** (2.042)	0.284*** (2.978)
ROE	0.897* (1.942)	0.793 (0.522)	1.683* (1.821)	1.340** (2.222)	1.541* (1.954)	4.244* (1.754)	0.008 (0.107)	0.041 (0.640)
LEV	0.100 (0.836)	0.206 (0.683)	−0.178 (−0.747)	0.185 (1.025)	0.051 (0.364)	−0.421 (−1.525)	−0.382 (−1.401)	−0.356* (−1.765)
MSR	−3.161*** (−7.029)	−1.706*** (−5.484)	−1.715*** (−7.921)	−0.003 (−0.011)	−0.157 (−1.106)	−0.313** (−2.561)	−0.024*** (−4.287)	−0.188** (−2.175)
SOE	−0.082 (−1.472)	−0.174 (−0.990)	0.123 (0.986)	0.054 (0.656)	−0.073 (−0.858)	0.050 (0.215)	0.132 (0.684)	0.096 (0.724)

续表

变量	关系文化盛行的地区 ($RCZHM=1$)				关系文化不盛行的地区 ($RCZHM=0$)			
	(1) SCEPS1	(2) SCEPS2	(3) SCEPS3	(4) SCEPS4	(5) SCEPS1	(6) SCEPS2	(7) SCEPS3	(8) SCEPS4
PID	−0.110 (−0.346)	−0.128 (−0.332)	−0.089 (−0.293)	−0.233 (−1.045)	−0.533 (−1.501)	−0.357 (−0.292)	−0.994 (−1.339)	−0.819 (−1.128)
TTO	−0.039 (−0.417)	−0.311* (−1.896)	−0.442* (−1.986)	0.116 (1.468)	−0.750*** (−4.201)	−0.623*** (−2.791)	−0.232*** (−2.800)	−0.470*** (−2.844)
INDU	YES	YES	YES	YES	YES	YES	YES	YES
YEAR	YES	YES	YES	YES	YES	YES	YES	YES
调整 R^2	0.174	0.554	0.499	0.528	0.270	0.468	0.215	0.378
F	4.950***	10.070***	16.990***	11.360***	5.141***	4.367***	19.790***	5.909***
N	332	316	312	332	288	236	280	288

注：括号内为 t 值，*、**、*** 分别表示在 10%、5% 和 1% 的水平下显著。

表 6-7 依据百度"潜规则"关键词的年均整体趋势数值，将上市公司所在地区划分为关系文化盛行的地区和关系文化不盛行的地区，进一步分析社会责任网络对企业经济利益与社会责任融合的影响效应是否因关系文化产生差异性。在关系文化不盛行的地区，对于企业经济利益与社会责任的融合层次来说，处理组虚拟变量（TREATN）与处理期虚拟变量（POSTN）的交互项系数在 10% 的水平下显著为正；对于企业经济利益与社会责任的融合规模来说，处理组虚拟变量（TREATN）与处理期虚拟变量（POSTN）的交互项系数均至少在 5% 的水平下显著为正。在关系文化盛行的地区，处理组虚拟变量（TREATN）与处理期虚拟变量（POSTN）的交互项系数均不显著。回归结果表明，地区关系文化抑制了社会责任网络对企业经济利益与社会责任融合的积极影响。

表 6-7 关系文化的调节效应（百度指数"潜规则"维度）

变量	关系文化盛行的地区 (RCQGZ=1)				关系文化不盛行的地区 (RCQGZ=0)			
	(1) SCEPS1	(2) SCEPS2	(3) SCEPS3	(4) SCEPS4	(1) SCEPS1	(2) SCEPS2	(3) SCEPS3	(4) SCEPS4
常数项	0.778*** (2.923)	0.571 (0.629)	0.924 (1.437)	0.997* (1.712)	0.949* (1.973)	2.966** (2.446)	2.126** (2.281)	2.214*** (3.159)
TREATN	−0.045 (−0.819)	0.227 (1.206)	−0.009 (−0.093)	0.095 (1.644)	−0.157 (−1.381)	−0.572 (−1.635)	0.027** (2.416)	0.042** (2.216)
POSTN	0.368* (1.886)	0.065 (1.191)	0.027 (0.166)	−0.107 (−0.694)	0.157* (1.872)	0.386** (2.028)	0.245* (1.690)	0.230* (1.954)
TREATN× POSTN	−0.014 (−0.172)	0.044 (0.216)	0.090 (0.520)	0.045 (0.283)	0.231* (1.775)	0.409*** (2.980)	0.288** (2.224)	0.220** (2.833)
SIZE	−0.023*** (−3.371)	−0.014 (−0.450)	−0.031* (−1.770)	−0.040** (−2.363)	−0.184* (−1.739)	−0.427** (−2.288)	−0.431* (−1.791)	−0.410** (−2.543)
AGE	0.093** (2.018)	0.177 (1.210)	0.129 (1.116)	0.148 (1.534)	−0.012 (−0.214)	−0.199 (−1.218)	−0.198 (−1.577)	−0.144* (−1.811)
CASH	0.011** (2.551)	0.007 (0.633)	0.476*** (3.213)	0.001 (0.073)	0.020 (0.482)	−0.143 (−1.153)	0.012*** (2.720)	0.035** (2.232)
ROE	−0.125 (−0.723)	0.042** (2.317)	0.224*** (10.585)	0.191*** (13.692)	0.142*** (14.346)	0.154*** (10.568)	0.151*** (10.544)	0.031 (0.468)
LEV	0.124 (1.014)	0.310 (1.058)	−0.080 (−0.340)	0.201 (1.041)	0.051 (0.423)	−0.448 (−1.501)	−0.464* (−1.696)	−0.341 (−1.529)
MSR	−0.222*** (−3.073)	0.234 (0.745)	0.352 (1.675)	0.047 (0.198)	−0.148* (−1.716)	−0.540* (−1.848)	−0.624*** (−3.205)	−0.746*** (−3.859)
SOE	−0.103* (−1.896)	−0.283* (−1.774)	0.027 (0.256)	−0.004 (−0.056)	−0.065 (−0.912)	0.191 (1.133)	0.239 (1.468)	0.153 (1.262)
PID	−0.180 (−0.633)	−0.418 (−1.095)	−0.219 (−0.595)	−0.283 (−1.193)	−0.443 (−1.431)	−0.770 (−0.698)	−1.384* (−1.999)	−1.174 (−1.599)
TTO	−0.020 (−0.234)	−2.962*** (−6.371)	−1.490*** (−4.138)	−1.615*** (−6.849)	−0.077 (−1.677)	−0.908*** (−7.607)	−0.520* (−1.807)	0.095 (0.764)
INDU	YES	YES	YES	YES	YES	YES	YES	YES
YEAR	YES	YES	YES	YES	YES	YES	YES	YES
调整 R^2	0.182	0.536	0.453	0.501	0.275	0.526	0.316	0.439
F	4.928***	13.480***	10.340***	9.228***	5.044***	12.090***	4.014***	8.071***
N	328	312	308	328	292	240	284	292

注：括号内为 t 值，*、**、*** 分别表示在 10%、5% 和 1% 的水平下显著。

第六章 企业经济利益与社会责任的融合机制研究：基于社会责任网络与社会责任领导机构的实证研究

表6-8、表6-9、表6-10分别依据百度"人脉""圈子""面子"关键词的年均整体趋势数值，将上市公司所在地区划分为关系文化盛行的地区和关系文化不盛行的地区，进一步分析社会责任网络对企业经济利益与社会责任融合的影响效应是否因关系文化产生差异性。由表6-8至表6-10可知，在关系文化不盛行的地区，处理组虚拟变量（$TREATN$）与处理期虚拟变量（$POSTN$）的交互项系数在5%的水平下显著为正；在关系文化盛行的地区，处理组虚拟变量（$TREATN$）与处理期虚拟变量（$POSTN$）的交互项系数均不显著。回归结果表明，关系文化产生的关系维系成本以及对规则运行的不利影响等问题，使得社会责任网络对企业经济利益与社会责任融合的正向影响呈现出减弱趋势。回归结果验证了关系文化在公益慈善领域的负面影响。

表6-8 关系文化的调节效应（百度指数"人脉"维度）

变量	关系文化盛行的地区 ($RCRM=1$)				关系文化不盛行的地区 ($RCRM=0$)			
	(1) $SCEPS1$	(2) $SCEPS2$	(3) $SCEPS3$	(4) $SCEPS4$	(5) $SCEPS1$	(6) $SCEPS2$	(7) $SCEPS3$	(8) $SCEPS4$
常数项	1.090*** (3.175)	0.218 (0.237)	1.028 (1.515)	0.185*** (8.793)	0.156*** (11.503)	2.991*** (3.046)	1.512* (1.741)	1.713** (2.544)
$TREATN$	−0.053 (−0.936)	0.120 (0.495)	0.044 (0.363)	0.117* (1.755)	−0.137 (−1.043)	−0.059 (−0.205)	0.012** (2.427)	−0.119 (−0.724)
$POSTN$	−0.026 (−0.345)	0.040** (2.177)	−0.128 (−1.276)	−0.106 (−0.678)	0.064 (1.404)	0.433** (2.243)	0.230** (2.667)	0.016 (0.096)
$TREATN \times POSTN$	−0.005 (−0.059)	0.160 (0.678)	0.185 (1.271)	0.014 (0.088)	0.042** (2.258)	0.026** (2.245)	0.454** (2.167)	0.161** (2.293)
$SIZE$	−0.271* (−1.936)	−0.002 (−0.079)	−0.035 (−1.522)	−0.033** (−2.280)	−0.509* (−1.696)	−0.100** (−2.135)	−0.005 (−0.134)	−0.033 (−1.097)
AGE	0.018 (0.272)	0.213 (1.205)	0.089 (0.791)	0.153 (1.438)	0.027 (0.492)	−0.066 (−0.533)	−0.082 (−0.818)	−0.033 (−0.481)

续表

变量	关系文化盛行的地区 (RCRM = 1)				关系文化不盛行的地区 (RCRM = 0)			
	(1) SCEPS1	(2) SCEPS2	(3) SCEPS3	(4) SCEPS4	(5) SCEPS1	(6) SCEPS2	(7) SCEPS3	(8) SCEPS4
CASH	0.010** (2.479)	0.022*** (3.600)	0.281*** (24.000)	0.301*** (16.752)	0.310*** (17.426)	0.167*** (16.527)	0.149*** (11.015)	0.141*** (14.925)
ROE	−0.134 (−0.699)	0.279*** (23.131)	0.068*** (5.505)	0.191*** (12.779)	0.142*** (14.346)	0.154*** (10.568)	0.144*** (13.886)	0.039 (0.576)
LEV	0.080 (0.600)	−0.012 (−0.047)	−0.171 (−0.644)	0.064 (0.333)	0.110 (0.886)	−0.126 (−0.467)	−0.292 (−1.168)	−0.152 (−0.720)
MSR	−0.022*** (−4.249)	−0.179** (−2.320)	−3.158*** (−7.338)	−1.750*** (−6.451)	−1.694*** (−9.702)	0.449 (1.065)	0.319 (0.891)	0.158 (0.667)
SOE	−0.093 (−1.648)	−0.203 (−1.213)	0.152 (1.268)	0.038 (0.492)	−0.054 (−0.652)	0.081 (0.373)	0.138 (0.749)	0.110 (0.912)
PID	−0.243 (−0.739)	−0.018 (−0.041)	−0.051 (−0.168)	−0.160 (−0.623)	−0.270 (−0.860)	−0.071 (−0.078)	−0.729 (−1.117)	−0.501 (−0.783)
TTO	−0.035 (−0.330)	0.224 (1.664)	−0.076* (−1.868)	−0.213** (−2.140)	−0.254* (−1.734)	−0.189* (−2.000)	−0.748*** (−2.916)	−0.380* (−1.873)
INDU	YES	YES	YES	YES	YES	YES	YES	YES
YEAR	YES	YES	YES	YES	YES	YES	YES	YES
调整 R^2	0.166	0.594	0.540	0.552	0.252	0.428	0.185	0.336
F	4.018***	8.201***	17.320***	13.140***	3.771***	4.921***	19.660***	5.526***
N	296	280	280	296	324	272	312	324

注：括号内为 t 值，*、**、*** 分别表示在 10%、5% 和 1% 的水平下显著。

表6-9 关系文化的调节效应（百度指数"圈子"维度）

变量	关系文化盛行的地区 (RCQZ= 1)				关系文化不盛行的地区 (RCQZ= 0)			
	(1) SCEPS1	(2) SCEPS2	(3) SCEPS3	(4) SCEPS4	(1) SCEPS1	(2) SCEPS2	(3) SCEPS3	(4) SCEPS4
常数项	1.090*** (3.175)	0.178*** (8.859)	0.165*** (12.916)	0.119*** (14.541)	0.213*** (2.962)	0.143*** (8.466)	0.130*** (11.514)	0.134*** (12.191)
TREATN	−0.053 (−0.936)	0.120 (0.495)	0.044 (0.363)	0.011* (1.961)	0.117* (1.755)	0.120 (0.495)	0.044 (0.363)	0.237* (1.761)

第六章 企业经济利益与社会责任的融合机制研究：基于社会责任网络与社会责任领导机构的实证研究

续表

变量	关系文化盛行的地区 (RCQZ=1)				关系文化不盛行的地区 (RCQZ=0)			
	(1) SCEPS1	(2) SCEPS2	(3) SCEPS3	(4) SCEPS4	(1) SCEPS1	(2) SCEPS2	(3) SCEPS3	(4) SCEPS4
POSTN	0.260* (1.934)	0.465* (1.691)	0.216* (1.692)	−0.106 (−0.678)	−0.026 (−0.345)	0.145** (2.142)	−0.128 (−1.276)	−0.106 (−0.678)
TREATN ×POSTN	−0.005 (−0.059)	0.160 (0.678)	0.185 (1.271)	0.014 (0.088)	0.026** (2.245)	0.070** (2.195)	0.268** (2.027)	0.388** (2.410)
SIZE	−0.022*** (−4.249)	−0.002 (−0.079)	−0.035 (−1.522)	−0.033** (−2.280)	−0.031** (−2.249)	−0.038** (−2.070)	−0.045*** (−2.775)	−0.034** (−2.086)
AGE	0.018 (0.272)	0.213 (1.205)	0.089 (0.791)	0.153 (1.438)	0.019 (0.392)	0.048 (0.581)	0.003 (0.046)	0.090 (0.881)
CASH	0.010** (2.479)	0.007 (0.756)	0.230** (2.667)	0.001 (0.178)	0.141** (1.997)	0.105*** (13.602)	0.161** (2.293)	0.059*** (6.567)
ROE	−0.134 (−0.699)	0.454** (2.167)	0.230** (2.667)	0.161** (2.293)	0.004 (0.109)	0.022*** (2.955)	0.121*** (10.950)	0.048* (1.667)
LEV	0.080 (0.600)	−0.012 (−0.047)	−0.171 (−0.644)	0.064 (0.333)	−0.098 (−1.493)	0.050 (1.435)	−0.021 (−0.237)	0.155 (1.578)
MSR	−0.571** (−2.461)	−2.943*** (−6.457)	−0.566*** (−3.369)	−0.366*** (−3.130)	−0.211* (−1.841)	−0.242* (−1.877)	−0.211* (−1.991)	−0.287*** (−3.065)
SOE	−0.093 (−1.648)	−0.203 (−1.213)	0.152 (1.268)	0.038 (0.492)	−0.022 (−0.336)	−0.005 (−0.193)	0.026 (0.665)	−0.051 (−0.569)
PID	−0.243 (−0.739)	−0.018 (−0.041)	−0.051 (−0.168)	−0.160 (−0.623)	−0.015 (−0.529)	0.044 (0.991)	−0.070 (−0.751)	0.005 (0.079)
TTO	−0.035 (−0.330)	−3.158*** (−7.338)	−1.750*** (−6.451)	−1.694*** (−9.702)	−0.412*** (−2.787)	−0.297** (−2.416)	−0.198*** (−4.717)	−0.141** (−1.994)
INDU	YES	YES	YES	YES	YES	YES	YES	YES
YEAR	YES	YES	YES	YES	YES	YES	YES	YES
调整 R^2	0.166	0.594	0.540	0.552	0.252	0.428	0.185	0.336
F	4.018***	8.201***	17.320***	13.140***	12.600***	14.680***	2.351***	11.123***
N	296	280	280	296	324	272	312	324

注：括号内为 t 值，*、**、*** 分别表示在 10%、5% 和 1% 的水平下显著。

表 6-10 关系文化的调节效应（百度指数"面子"维度）

变量	关系文化盛行的地区 (RCMZ = 1)				关系文化不盛行的地区 (RCMZ = 0)			
	(1) SCEPS1	(2) SCEPS2	(3) SCEPS3	(4) SCEPS4	(1) SCEPS1	(2) SCEPS2	(3) SCEPS3	(4) SCEPS4
常数项	1.067*** (3.895)	0.179*** (9.663)	1.375* (1.814)	0.863 (1.434)	0.748* (1.795)	2.595*** (2.856)	1.553* (1.901)	1.904*** (2.927)
TREATN	−0.067 (−1.167)	0.189 (0.994)	−0.050 (−0.340)	0.106** (2.030)	−0.093 (−0.847)	−0.299 (−0.839)	0.134* (1.901)	−0.249 (−1.198)
POSTN	−0.043 (−0.614)	0.117* (1.755)	0.010** (2.479)	−0.137 (−0.907)	0.082 (1.588)	0.372* (1.829)	0.137 (0.609)	0.017 (0.096)
TREATN ×POSTN	0.010 (0.121)	0.010 (0.053)	0.210 (1.518)	0.012 (0.081)	0.024** (2.420)	0.040** (2.356)	0.913** (2.163)	0.454** (2.167)
SIZE	−0.277* (−1.971)	0.001 (0.032)	−0.027 (−1.121)	−0.032* (−1.843)	−0.196* (−1.910)	−0.086* (−1.906)	−0.602** (−2.262)	−0.037 (−1.382)
AGE	0.047 (0.758)	0.129 (0.682)	0.025 (0.159)	0.158 (1.409)	0.027 (0.513)	−0.020 (−0.163)	−0.073 (−0.746)	−0.054 (−0.768)
CASH	0.010** (2.433)	0.008 (0.926)	0.026** (2.245)	0.001 (0.123)	0.039 (1.209)	0.300* (1.733)	−0.159 (−1.569)	0.487* (1.811)
ROE	−0.149 (−0.761)	0.388** (2.410)	0.268** (2.027)	0.357** (2.085)	0.881** (2.020)	0.043 (0.554)	0.014 (0.195)	0.032 (0.457)
LEV	0.107 (0.848)	0.135 (0.487)	−0.050 (−0.168)	0.074 (0.339)	0.101 (0.912)	−0.169 (−0.618)	−0.386 (−1.639)	−0.146 (−0.652)
MSR	−0.153 (−0.919)	0.139 (0.438)	0.347 (1.621)	0.068 (0.293)	−0.242* (−1.877)	−0.287*** (−3.065)	−0.211* (−1.991)	0.170 (0.620)
SOE	−0.100** (−2.085)	−0.237 (−1.502)	0.076 (0.673)	0.026 (0.308)	−0.074 (−0.999)	0.209 (1.210)	0.229 (1.316)	0.131 (1.146)
PID	−0.286 (−0.942)	−0.452 (−0.969)	−0.383 (−0.800)	−0.197 (−0.791)	−0.181 (−0.642)	−0.108 (−0.122)	−0.773 (−1.266)	−0.654 (−0.976)
TTO	−3.181*** (−6.722)	−1.649*** (−4.613)	−1.714*** (−8.379)	−0.022*** (−3.475)	−0.078* (−1.792)	−0.171** (−2.230)	0.173 (1.173)	−0.566*** (−3.369)
INDU	YES	YES	YES	YES	YES	YES	YES	YES
YEAR	YES	YES	YES	YES	YES	YES	YES	YES
调整 R^2	0.173	0.598	0.494	0.558	0.268	0.461	0.264	0.347
F	4.620***	13.040***	8.248***	10.750***	6.175***	9.585***	3.702***	8.359***
N	296	280	276	296	324	272	316	324

注：括号内为 t 值，*、**、*** 分别表示在 10%、5% 和 1% 的水平下显著。

三 稳健性检验

为了保证回归结果的可靠性，本书从 PSM-DID 回归模型、匹配方法和关系文化变量度量角度对研究问题重新进行了分析，所得结果与已有结论基本一致。

（一）PSM-DID 回归模型重构建

本书社会责任网络特指企业加入的中国可持续发展工商理事会或全球契约中国网络。除了上述两个组织之外，还有一些地方组织诸如社会责任促进会、可持续发展研究会等，也从关系嵌入视角为企业参与跨组织社会责任活动提供了便利。经过查找资料，笔者共发现 5 个社会责任组织（涉及四个地区），分别是深圳市创新企业社会责任促进中心、深圳市可持续发展研究会、浙江省企业社会责任促进会、河北省企业社会责任促进会和河南省企业社会责任促进中心。

深圳市创新企业社会责任促进中心在深圳市委统战部指导下，由香江社会救助基金会、腾讯公益慈善基金会、招商局慈善基金会、万科公益基金会和深圳市慈善会等全国知名公益机构与企业联合发起，是专项开展企业可持续社会责任、企业影响力投资模式应用价值研究与实践的非营利组织。

深圳市可持续发展研究会是由专家、学者、管理工作者以及相关企业和企业家联合发起成立的非营利性专业社团组织，旨在促进科技与经济的有机结合，推进深圳市可持续发展，为构建社会主义和谐社会做出积极贡献。

浙江省企业社会责任促进会是非营利性、联合性的社会组织，归属浙江省民政厅监督管理，并由浙江省经信委提供业务指导，旨在整合企业、政府及社会服务机构的信息与资源，推动企业承担社会责任，为浙江省经济发展、生态文明建设和社会进步贡献力量。

河北省企业社会责任促进会是由企事业单位、团体、专家学者等联合发起的非营利性社团组织，旨在推动河北省企业积极承担社会责任，为河北省经济社会的持续协调发展贡献力量。

河南省企业社会责任促进中心隶属于河南省工商业联合会，属于非营利性服务机构，旨在推动企业履行社会责任，促进河南省经济社会健康、可持续发展。

依据上述 5 个社会责任组织，本书重新构建 PSM-DID 模型：

$$SCEPS = \alpha + \beta_1 TREATM + \beta_2 POSTM + \beta_3 TREATM \times POSTM + \beta_4 SIZE + \beta_5 AGE + \beta_6 CASH + \beta_7 ROE + \beta_8 LEV + \beta_9 MSR + \beta_{10} SOE + \beta_{11} PID + \beta_{12} TTO + \sum INDU + \sum YEAR + \varepsilon \quad (6-2)$$

$TREATM$ 为处理组虚拟变量，加入深圳市创新企业社会责任促进中心、深圳市可持续发展研究会、浙江省企业社会责任促进会、河北省企业社会责任促进会或河南省企业社会责任促进中心的上市公司赋值为 1，否为 0。$POSTM$ 为处理期虚拟变量，加入深圳市创新企业社会责任促进中心、深圳市可持续发展研究会、浙江省企业社会责任促进会、河北省企业社会责任促进会或河南省企业社会责任促进中心之后赋值为1，否为0。如果加入上述5个组织的时间不一致，则以先加入的时间为准对 $POSTM$ 进行赋值。依据模型（6-2）重新进行回归分析，所得结果与已有结论基本一致。

（二）匹配方法的再选择

在最近邻1∶1匹配方法的基础上，本书还采用半径匹配、核匹配、马氏匹配、局部线性回归匹配方法，为加入社会责任网络的样本上市公司选择配对公司以克服自选择效应。在更换匹配方法之后，所得回归结果与已有结论一致，进一步验证了上市公司加入社会责任网络之后，能够显著推动公司经济利益与社会责任的有机融合。

（三）关系文化的再度量

借鉴李新春等（2016）的研究，基于第八次全国私营企业调查数据中的5883个企业样本度量关系文化变量，即同一个省份样本企业的关系活动投入强度的平均值。在重新度量关系文化变量之后，回归结果依然支持关系文化具有消极影响，即在关系文化盛行的地区，社会责任网络对企业经济利益与社会责任融合的积极影响不再显著。

第五节 结论

在社会嵌入性与企业意志性共同驱动企业行为的逻辑框架下，立足于企业加入的社会责任网络与企业自身的社会责任领导机构视角，探究企业经济利益与社会责任融合的影响因素。在此基础上，进一步区分关系文化的盛行程度，探究关系文化对社会责任网络影响效应的调节作用。研究发现，企业加入社会责任网络之后，能够便利地与网络成员在社会责任方面互换资源和知识，并积极承担社会责任，推动了企业经济利益与社会责任的有机融合。当企业自身建立了社会责任领导机构时，社会责任领导为员工树立了道德模范，增强了员工对组织的情感认同，推动了企业与社会责任网络其他成员企业的有效沟通，进一步增强了社会责任网络对企业经济利益与社会责任融合的积极影响。在关系文化盛行的地区，关系文化在规则遵从方面的破坏力、在关系维系成本方面的投入以及在企业经营关注点上的偏离使得社会责任网络对企业经济利益与社会责任融合的正向影响不再显著。

实践表明，跨组织社会责任网络从组织外部的关系嵌入视角，为企业经济利益与社会责任的有机融合提供了资源、知识以及道德意识方面的推动力量。企业的社会责任领导机构对于企业积极承担社会责任以及发挥道德的经济价值具有重要的意义。上市公司应积极成立社会责任领导机构，由社会责任领导机构负责公司社会责任履行的具体事宜，树立社会责任领导的道德威望，增强员工对社会责任履行的情感认同。在企业实现可持续发展的过程中，地区关系文化的消极影响应引起地方政府和企业的关注。地方政府营造公平、公正、诚信的发展环境，降低"拉关系""走后门"等关系文化对规则秩序的不利影响，才能切实提升企业经济利益与社会责任的融合程度。

第七章
结论与政策建议

第一节 结论

本书利用企业对底线道德与慈善道德的选择差异,以连续五年做慈善、设立慈善基金会以及荣登中国慈善榜区分企业经济利益与社会责任的融合层次,采用企业盈利能力与社会责任履行质量的综合排名度量企业经济利益与社会责任的融合规模,基于企业经济利益与社会责任融合的理论与现实可行性,立足社会嵌入性与企业意志性视角,从政治嵌入(《慈善法》)、文化嵌入(地区道德文化)与关系嵌入(社会责任网络)视角入手,分别选择管理层远见力、企业社会责任理念以及企业社会责任领导机构作为企业意志性的呈现维度,探究如何更好地实现企业经济利益与社会责任的有机融合。

第一,《慈善法》实施之后,管理层有远见的公司能够识别《慈善法》对经济社会可持续发展的重要影响,积极响应《慈善法》对社会公益事业的倡导，切实履行企业社会责任，使得企业在获取经济利益的同时更好地承担社会责任，在融合层次与融合规模层面均有良好表现。《慈善法》的颁布能够将中国道德传统与当代慈善的价值理念有机结合，对于企业的慈善价值认知具有精神引领作用，在企业经济利益与社会责任的融合方面发挥重要的作用。当上市公司所在地被评选为文明城市时，文明城市对经济社会可持续发展具有正向的引导作用，使得《慈善法》实施之后，管理层远见力对企业经济利益与社会责任融合的积极影响更加显著。

第二，在企业经济利益与社会责任的融合层次与融合规模方面，地区道德文化作为非正式制度能够发挥精神引领功能与示范遵从效应，在企业获取经济利益的同时，帮助企业更好地承担社会责任。当上市公司的理念、愿景或价值观涵盖公司对经济、社会、环境等的责任时，地区道德文化与企业社会责任理念能够实现良性互动，使得企业经济利益与社会责任的融合程度更高。当上市公司所在地的浮躁心态较为严重时，企业社会责任理念不再正向调节地区道德文化对企业经济利益与社会责任融合的推动效应。回归结果印证了浮躁心态对企业社会责任履行意愿、履行方式以及履行回报期望等可能产生的消极影响。

第三，企业加入中国可持续发展工商理事会或全球契约中国网络之后，实现了社会责任资源、知识和理念在网络成员之间的有效流动，对于推动企业在获得经济利益基础上更好地承担社会责任具有积极影响，显著提高了企业经济利益与社会责任的融合程度。当企业内部配备社会责任领导机构时，社会责任领导机构能够使企业与社会责任网络其他成员企业实现良好沟通，并为员工树立道德模范，将企业社会责任理念潜移默化地融入企业员工的日常社会责任行为中，对于推动企业经济利益与社会责任的有效融合具有显著的积极影响。在关系文化盛行的地区，关系文化对规则遵从、关系维系成本以及经营焦点偏离等的消极影响使得社会责任网络对企业经济利益与社会责任融合程度的正向影响不再显著。

第二节　管理启示与政策建议

本书从社会嵌入与企业意志双重维度探讨企业经济利益与社会责任的融合机制，为推动企业实现经济价值与社会价值的共赢提供了路径借鉴，也对经济社会的可持续发展具有一定的参考价值。

第一，企业经济利益与社会责任的有机融合需要从政治嵌入视角提供完善的慈善规则与良好的慈善氛围。企业经济利益与社会价值的共赢离不开法理支持，离不开规范化的正式制度环境。正式制度在企业经济利益与社会责任的融合过程中具有重要作用。《慈善法》的颁布将社会主义核心价值观与慈善理念有机融合，对公益慈善事业的发展具有积极影响。为了更好地实现企业经济利益与社会责任的融合，《慈善法》要确保执行力度和执行效果，在公共价值的实现方面克服时间和实践距差，考虑制度刚性与执行弹性之间的公共价值冲突治理空间。

第二，企业管理层对未来事项的关注是企业经济利益与社会责任融合的前提条件。企业应注重培养管理层的远见力，引导管理层关注远期目标，尤其是关注企业的可持续发展问题。文明城市是城市的可贵品牌，能够增强公民对公益慈善的认知，更好地发挥《慈善法》和管理层远见力对企业经济利益与社会责任有机融合的推动作用，助力社会的可持续发展。实践表明，宏观市场的法治公正与微观主体对长期可持续发展的远见卓识共同构建的基于公正原则的慈善环境是企业经济利益与社会责任有机融合的现实前提。

第三，营造良好的道德文化氛围、在组织内部积极倡导履行企业社会责任，可以更好地发挥非正式制度在企业经济利益与社会责任融合层次和融合规模方面的积极作用。企业经济利益与社会责任的有机融合，需要文化因素作为外部因素有效嵌入，同时也需要企业自身营造良好的社会道德文化氛围，潜移默化地指引企业在赢取经济利益时更好地兼顾社会价值。企业道德经济价值的实现不仅是企业非理性的情感问题，而且是在企业价值观念、主观映像、行为偏好的形成过程中，依赖地区道德环境等非正式制度，对隐含或外显的社会契约遵守程度的动态调整，反映社会嵌入性与企业意志性的共同作用。制度、经济、文化、情感等因素共同驱动企业履行社会责任。企业经济利益与社会责任的有机融合依赖于企业的先进文化与道德理念。企业应切实提升先进文化的建设成效，以更好地实现企业的经济价值与社会价值。

第四，企业应积极加入社会责任方面的跨组织网络，以获取更多的社会责任资源、知识以及先进的道德理念，为企业经济利益与社会责任的有机融合提供组织支撑。企业的社会责任领导机构对于企业积极承担社会责任、发挥道德的经济价值具有重要影响。上市公司应设置社会责任领导机构，由社会责任领导机构负责公司社会责任履行的具体事宜，树立社会责任领导的道德威望，增强员工对社会责任履行的情感认同。价值认同、激励约束、道德舆论等组织保障是推动企业经济利益与社会责任有机融合的重要力量。

第五，地区社会心态是影响企业经济利益与社会责任的重要因素。在企业实现可持续发展的过程中，地区关系文化与浮躁心态的消极影响应引起地方政府和企业的关注。地方政府如能营造公平、公正、诚信的发展环境，同时抑制"一夜暴富""投机取巧"等浮躁心态的泛滥，降低"拉关系""走后门"等关系文化对规则秩序的不利影响，将对企业经济利益与社会责任的融合产生显著的积极影响。地区规则意识以及脚踏实地干事创业的氛围是企业经济利益与社会责任之间实现良性互动的前提。企业经济利益与社会责任的有机融合取决于企业道德的社会认同度、规范融合度以及社会实现度等因素。

第三节 研究不足与未来研究展望

本书尝试从融合层次与融合规模两个维度衡量企业经济利益与社会责任的融合程度，为大样本的实证研究提供度量基础。然而，本书对企业经济利益与社会责任的度量还存在一些不足之处。其一，在企业经济利益与社会责任的融合层次维度，本书并没有针对底线无善企业与污点行善企业进行融合层次的区分。在未来的研究中，可能的方向是找到分清责任边界的方法，以期更准确地度量企业经济利益与社会责任的融合层次。其二，在企业经济利益与社会责任的融合规模维度，本书的度量方式并没有涉及企业经济利益与社会责任融合程度的价值判断问题。盈利多、社会责任履行质量高的企业就是经济利益与社会责任有机融合的企业吗？是否有上下限问题？现有的社会责任评级办法是否能够全面系统地衡量企业承担社会责任的差异性？未来的研究可以探讨企业经济利益与社会责任融合规模方面更合适的代理变量。

本书从社会嵌入性与企业意志性的角度，给出了企业经济利益与社会责任的融合机制，但是并没有进一步检验各项融合机制的作用路径。未来的研究或可深入分析融合机制的潜在影响路径，为企业经济利益与社会责任的切实融合提供深层次阐释。

参考文献

白光林、杨韬:《国内组织文化与组织绩效关系研究述评》,《软科学》2014年第7期。

包英群、张慧玉、眭文娟:《新创企业的制度嵌入与企业社会责任前移》,《科研管理》2017年第6期。

鲍宗豪:《文明城市：一种中国特色的可持续城市化新模式》,《马克思主义研究》2011年第3期。

毕茜、顾立盟、张济建:《传统文化、环境制度与企业环境信息披露》,《会计研究》2015年第3期。

边燕杰、张磊:《论关系文化与关系社会资本》,《人文杂志》2013年第1期。

步行、张剑、李精精、张娜:《责任型领导对员工帮助行为的影响——一个跨层链式中介模型》,《财经论丛》2021年第1期。

陈钢、李维安:《企业基金会及其治理：研究进展和未来展望》,《外国经济与管理》2016年第6期。

陈国辉、关旭、王军法:《企业社会责任能抑制盈余管理吗?——基于应规披露与自愿披露的经验研究》,《会计研究》2018年第3期。

陈宏辉、程雪莲、张麟:《变革型领导对员工企业社会责任态度的影响——基于社会学习理论的视角》,《当代经济管理》2015年第10期。

陈丽红、张龙平、李青原、杜建军:《会计信息会影响捐赠者的决策吗?——来自中国慈善基金会的经验证据》,《会计研究》2015年第2期。

陈丽蓉、韩彬、杨兴龙:《企业社会责任与高管变更交互影响研究——基于A股上市公司的经验证据》,《会计研究》2015年第8期。

陈仕华、李维安:《公司治理的社会嵌入性:理论框架及嵌入机制》,《中国工业经济》2011年第6期。

陈思、何文龙、张然:《风险投资与企业创新:影响和潜在机制》,《管理世界》2017年第1期。

陈昕:《企业社会责任表现的结构维度层次及其差异》,《暨南学报》(哲学社会科学版)2013年第2期。

陈信元、黄俊:《政府干预、多元化经营与公司业绩》,《管理世界》2007年第1期。

陈秀峰、李莉:《企业社会责任的兴起与中国公益基金会事业的发展》,《经济社会体制比较》2008年第3期。

陈煦江:《企业社会绩效与经济绩效相互关系的实证研究》,《软科学》2010年第9期。

陈益云、林晚发:《承担社会责任越多,企业发债时信用评级就越高吗?——中国上市公司数据的检验》,《现代财经》(天津财经大学学报)2017年第6期。

谌仁俊、杨杰、戴成燕、王智骁:《荣誉的力量:授予全国文明城市称号能否激励地方强化企业减排?》,《产业经济研究》2021年第2期。

程仲鸣、夏新平、余明桂:《政府干预、金字塔结构与地方国有上市公司投资》,《管理世界》2008年第9期。

褚松燕:《慈善法的公共价值倡导及其实现路径》,《复旦学报》(社会科学版)2017年第2期。

崔秀梅、刘静:《市场化进程、最终控制人性质与企业社会责任——来自中国沪市上市公司的经验证据》,《软科学》2009年第1期。

戴亦一、潘越、冯舒:《中国企业的慈善捐赠是一种"政治献金"吗?——来自市委书记更替的证据》,《经济研究》2014年第2期。

党齐民:《国外企业社会责任的发展趋向与启示》,《甘肃社会科学》2019年第2期。

邓敏、徐光华、钟马:《非营利组织社会责任驱动因素研究:基于81所部属高校的证据》,《贵州财经大学学报》2018年第4期。

董进才、黄玮:《企业社会责任理论研究综述与展望》,《财经论丛》2011年第1期。

董雅丽:《中西"关系"文化的历史探源与比较》,《兰州大学学报》2006年第6期。

杜仕菊、程明月:《文明城市创建:践行社会主义核心价值观的引擎》,《华东理工大学学报》(社会科学版)2016年第6期。

樊帅、田志龙、郭娜:《CSR中伪善行为对消费者惩罚意愿的影响》,《经济管理》2020 年第 1 期。

付景涛、林肇宏:《组织嵌入对企业履行消费者社会责任的影响——企业社会资本的中介效应》,《消费经济》2015 年第 4 期。

高汉祥:《公司治理与社会责任:被动回应还是主动嵌入》,《会计研究》2012 年第 4 期。

高红贵:《马克思的人的二重性学说与企业的环境责任》,《中南财经政法大学学报》2008 年第 1 期。

高小玲:《现代企业道德风险研究述评——企业道德论争、风险源与风险管理》,《经济评论》2008 年第 2 期。

高英、袁少锋、刘力钢:《消费者对企业伪善的惩罚机制研究》,《中南财经政法大学学报》2017 年第 4 期。

高勇强、陈亚静、张云均:《"红领巾"还是"绿领巾":民营企业慈善捐赠动机研究》,《管理世界》2012 年第 8 期。

格兰诺维特:《社会资本在发展中的作用》,黄载曦译,西南财经大学出版社,2004。

龚锋、李博峰、卢洪友:《文明城市的民生效应分析——来自地级市的准自然实验证据》,《云南财经大学学报》2018 年第 12 期。

关雯文、吕立志:《论社会主义核心价值观的三重理性向度》,《湖南社会科学》2016 年第 6 期。

郭立新、陈传明:《组织冗余与企业技术创新绩效的关系研究——基于中国制造业上市公司面板数据的实证分析》,《科学学与科学技术管理》2010 年第 11 期。

胡波:《公益基金会声誉机制的经济后果》,《中华女子学院学报》2017 年第 4 期。

胡凯、胡骄平：《论企业道德责任边界决策的必然性》，《求索》2011年第7期。

胡楠、薛付婧、王昊楠：《管理者短视主义影响企业长期投资吗？——基于文本分析和机器学习》，《管理世界》2021年第5期。

胡宁生：《国家治理现代化：政府、市场和社会新型协同互动》，《南京社会科学》2014年第1期。

黄荷暑、周泽将：《社会责任信息自愿披露、CEO权力与会计盈余质量——基于倾向得分匹配法（PSM）的分析》，《北京工商大学学报》（社会科学版）2017年第3期。

黄萍萍、李四海：《社会责任报告语调与股价崩盘风险》，《审计与经济研究》2020年第1期。

黄少安、周志鹏：《非经济领域锦标赛与经济增长——基于"五连冠"全国文明城市的分析》，《财经问题研究》2020年第7期。

黄速建、肖红军、王欣：《论国有企业高质量发展》，《中国工业经济》2018年第10期。

黄文锋、张建琦、黄亮：《国有企业董事会党组织治理、董事会非正式等级与公司绩效》，《经济管理》2017年第3期。

贾明、张喆：《高管的政治关联影响公司慈善行为吗？》，《管理世界》2010年第4期。

贾兴平、刘益、廖勇海：《利益相关者压力、企业社会责任与企业价值》，《管理学报》2016年第2期。

贾兴平、刘益：《外部环境、内部资源与企业社会责任》，《南开管理评论》2014年第6期。

姜秀珍、金思宇：《嵌入企业社会责任的战略绩效评价模式构建》,《中国人力资源开发》2008年第10期。

蒋悟真、魏舒卉:《迈向现代慈善:我国〈慈善法〉文本的规范分析》,《政法论丛》2017年第2期。

靳小翠:《民营企业董事长特征、企业文化与企业慈善捐赠研究》,《科学决策》2019年第8期。

靳小翠:《企业文化会影响企业社会责任吗?——来自中国沪市上市公司的经验证据》,《会计研究》2017年第2期。

雷宇:《慈善、"伪善"与公众评价》,《管理评论》2015年第3期。

雷振、唐文哲、孙洪昕、尤日淳:《基于水电工程企业的组织网络协作与组织能力的交互关系研究》,《清华大学学报》(自然科学版)2017年第7期。

黎友焕、王凯:《财政科技投入与中国经济增长关系的实证分析》,《科技管理研究》2010年第9期。

李德:《企业参与社会治理过程的嵌入性研究——基于对垃圾焚烧厂建设事件的思考》,《探索》2018年第1期。

李冬伟、吴菁:《高管团队异质性对企业社会绩效的影响》,《管理评论》2017年第12期。

李纲、陈静静、杨雪:《网络能力、知识获取与企业服务创新绩效的关系研究——网络规模的调节作用》,《管理评论》2017年第2期。

李国平、韦晓茜:《企业社会责任内涵、度量与经济后果——基于国外企业社会责任理论的研究综述》,《会计研究》2014年第8期。

李晗、张立民、汤胜:《媒体监督能影响基金会绩效吗?——来自我国的初步经验证据》,《审计研究》2015年第2期。

李井林、董方红、阳镇:《企业社会责任的"类保险"作用情境——基于"疫苗门"事件的研究》,《消费经济》2019年第2期。

李锴、徐凌:《论我国林地地役权制度的完善》,《江西社会科学》2011年第8期。

李姝、谢晓嫣:《民营企业的社会责任、政治关联与债务融资——来自中国资本市场的经验证据》,《南开管理评论》2014年第6期。

李淑英:《社会契约论视野中的企业社会责任》,《中国人民大学学报》2007年第2期。

李思飞、侯梦虹、王迪:《管理层过度自信与企业社会责任履行》,《金融评论》2015年第5期。

李四海、李晓龙、宋献中:《产权性质、市场竞争与企业社会责任行为——基于政治寻租视角的分析》,《中国人口·资源与环境》2015年第1期。

李四海、宋献中:《新政治经济学视域下的企业社会责任：一个分析性框架》,《社会学评论》2018年第2期。

李维、周建军、朱琦:《CEO职业关注与企业社会责任披露》,《中国软科学》2021年第2期。

李文静、闫履鑫、Tahseen Ahmed Bhutto、李宇:《绿色变革型领导对员工绿色创造力的影响》,《管理科学》2020年第2期。

李晓玲、侯啸天、葛长付:《慈善捐赠是真善还是伪善：基于企业违规的视角》,《上海财经大学学报》2017年第4期。

李心合:《嵌入社会责任与扩展公司财务理论》,《会计研究》2009年第1期。

李新春、叶文平、朱沆:《牢笼的束缚与抗争：地区关系文化与创业企业的关系战略》,《管理世界》2016年第10期。

李新颖:《媒体在企业社会责任建设中的角色担当》,《学术交流》2014年第8期。

李志斌、阮豆豆、章铁生:《企业社会责任的价值创造机制：基于内部控制视角的研究》,《会计研究》2020年第11期。

李追阳:《反腐败与企业社会责任研究》,《财经论丛》2018年第9期。

李钻、刘琪、周艳丽:《基于社会责任与盈余管理关系的企业社会责任动机分析》,《统计与决策》2017年第10期。

梁宝霖、陈家伟:《论CSR——企业社会责任》,《上海师范大学学报》(哲学社会科学版)2006年第5期。

梁建、陈爽英、盖庆恩:《民营企业的政治参与、治理结构与慈善捐赠》,《管理世界》2010年第7期。

刘春济、高静:《"扶优"还是"帮困"?——研发补助对创新的激励效应研究》,《经济管理》2019年第6期。

刘刚、李峰:《企业道德建设对员工满意度影响机制的实证研究——基于员工感知的企业社会责任中介效应分析》,《经济理论与经济管理》2011年第3期。

刘刚、殷建瓴、刘静:《中国企业文化70年：实践发展与理论构建》,《经济管理》2019年第10期。

刘建民、唐红李、吴金光:《营改增全面实施对企业盈利能力、投资与专业化分工的影响效应——基于湖南省上市公司PSM-DID模型的分析》,《财政研究》2017年第12期。

刘建秋、宋献中:《企业社会责任契约的层次、范围与边界研究——基于可持续发展背景》,《河北经贸大学学报》2011年第6期。

刘俊海:《公司的社会责任》,法律出版社,1992。

刘敏:《企业社会责任思想的传承和理论建构》,《北京工业大学学报》(社会科学版)2012年第6期。

刘青松、肖星:《败也业绩,成也业绩?——国企高管变更的实证研究》,《管理世界》2015年第3期。

刘哲、刘传明:《文明城市对产业结构升级的影响效应研究——来自文明城市评选的准自然实验》,《产业经济研究》2021年第1期。

刘志云:《新时代中国在"国际法竞争"中的大国进路》,《法学评论》2020年第5期。

柳建坤、何晓斌:《企业社会责任、体制资本与企业家的政治身份获得——来自中国民营企业的经验证据》,《社会发展研究》2020年第2期。

卢东、Samart Powpaka、寇燕:《基于消费者视角的企业社会责任归因》,《管理学报》2010年第6期。

卢东、Samart Powpaka:《消费者对企业社会责任行为的评价研究——基于期望理论和归因理论的探讨》,《管理评论》2010年第12期。

卢正文、刘春林:《从"股东至上"到"企业公民":企业慈善观研究述评》,《现代经济探讨》2011年第5期。

陆华良、黄惠盈:《领导风格对农业龙头企业履行社会责任的影响研究》,《软科学》2018年第9期。

逯进、赵亚楠、苏妍:《"文明城市"评选与环境污染治理:一项准自然实验》,《财经研究》2020年第4期。

罗家德:《社会网分析讲义》,社会科学文献出版社,2010。

罗卫东:《论道德的经济功能》,《中共浙江省委党校学报》1998年第1期。

罗正英、姜钧乐、陈艳、姜凯华:《行业竞争、高管薪酬与企业社会责任履行》,《华东师范大学学报》(哲学社会科学版)2018年第4期。

吕鑫:《分配正义:慈善法的基本价值》,《浙江社会科学》2018年第5期。

马俊、林珈忻、吴维库:《员工企业社会责任感知影响人力资源管理效能?——基于领导行为协同中介模型》,《技术经济》2020年第5期。

马连福、王元芳、沈小秀:《中国国有企业党组织治理效应研究——基于"内部人控制"的视角》,《中国工业经济》2012年第8期。

马艳艳、刘凤朝、姜滨滨、王元地:《企业跨组织研发合作广度和深度对创新绩效的影响——基于中国工业企业数据的实证》,《科研管理》2014年第6期。

马燕:《公司的环境保护责任》,《现代法学》2003年第5期。

毛江华、张光磊、章发旺:《伦理型领导与道德污名工作对下属道德情绪和亲社会行为的交互影响》,《南开管理评论》2020年第3期。

毛志宏、金龙:《公司治理、企业社会责任与会计信息相关性》,《当代经济科学》2016年第6期。

孟繁英:《市场经济下的管理伦理及约束》,《宏观经济管理》2017年第S1期。

孟猛猛、陶秋燕、雷家骕:《企业社会责任与企业成长:技术创新的中介效应》,《研究与发展管理》2019年第3期。

孟炎、田也壮:《基于领导价值观的企业领导行为与其绩效关系的研究》,《管理学报》2015年第9期。

米歇尔·鲍曼（MichaelBaurmann）:《道德的市场》,中国社会科学出版社,2003。

潘红波、夏新平、余明桂:《政府干预、政治关联与地方国有企业并购》,《经济研究》2008年第4期。

潘越、翁若宇、刘思义:《私心的善意:基于台风中企业慈善捐赠行为的新证据》,《中国工业经济》2017年第5期。

彭珏、陈红强:《内部控制、市场化进程与企业社会责任》,《现代财经》（天津财经大学学报）2015年第6期。

彭星、李斌、金培振:《文化非正式制度有利于经济低碳转型吗?——地方政府竞争视角下的门限回归分析》,《财经研究》2013年第7期。

朴雨淳:《中国社会的"关系"文化——兼论能否增进"关系"的公共性?》,《学海》2006年第5期。

钱爱民、朱大鹏:《企业财务状况质量与社会责任动机:基于信号传递理论的分析》,《财务研究》2017年第3期。

钱锡红、杨永福、徐万里:《企业网络位置、吸收能力与创新绩效——一个交互效应模型》,《管理世界》2010年第5期。

乔俊峰、黄智琛:《文明城市评选对城市经济增长的影响:促进还是抑制?——来自文明城市评选的准自然实验》,《现代财经》（天津财经大学学报）2020年第11期。

山立威、甘犁、郑涛:《公司捐款与经济动机——汶川地震后中国上市公司捐款的实证研究》,《经济研究》2008 年第 11 期。

邵兴东、孟宪忠:《战略性社会责任行为与企业持续竞争优势来源的关系——企业资源基础论视角下的研究》,《经济管理》2015 年第 6 期。

沈洪涛、游家兴、刘江宏:《再融资环保核查、环境信息披露与权益资本成本》,《金融研究》2010 年第 12 期。

沈铭辉、张中元:《中国企业海外投资的企业社会责任——基于案例分析的研究》,《中国社会科学院研究生院学报》2016 年第 2 期。

寿柯炎、魏江:《网络资源观:组织间关系网络研究的新视角》,《情报杂志》2015 年第 9 期。

宋杰珍、黄有方、谷金蔚:《具有社会责任意识的单生产商-两零售商供应链均衡决策研究》,《管理学报》2016 年第 10 期。

宋岩、方蓓蓓、孙晓妍:《CEO 自信程度、研发投入与企业社会责任履行——基于门槛效应的实证分析》,《重庆社会科学》2019 年第 7 期。

苏玉娟、魏屹东:《公共安全活动中的利益冲突及其控制——"三鹿奶粉事件"的利益冲突分析》,《山东大学学报》(哲学社会科学版)2009 年第 5 期。

孙德梅、王正沛、康伟:《转型期我国公民社会心态影响因素分析:基于 CGSS2008 调查数据的分析》,《科学决策》2014 年第 1 期。

孙嘉明:《社会浮躁的百年历史回溯及深层原因初探》,《探索》2015 年第 2 期。

孙鲁毅、刘威:《从"西方话语"到"本土关怀"——企业社会责任理论的三重变奏及其中国启示》,《学术论坛》2016 年第 5 期。

孙泽宇、齐保垒:《非正式制度的有限激励作用——基于地区信任环境对企业创新影响的实证研究》,《山西财经大学学报》2020年第3期。

谭继舜、于斌、曹倩:《企业道德和能力对企业声誉评价的影响研究》,《科学学与科学技术管理》2017年第12期。

谭雪、杜兴强:《国际化董事会、审计师行业专长与税收规避》,《山西财经大学学报》2015年第11期。

汤正华:《和谐社会与企业社会责任再造及其实现》,《学海》2008年第1期。

唐海滨、刘敏:《企业社会责任的思想传承和理论建构》,《统计与决策》2012年第1期。

唐健雄、涂馨、Bo H. Ferns:《领导社会责任取向对酒店员工工作满意度的影响》,《旅游学刊》2013年第3期。

唐亮、林钟高、郑军、彭琳:《非正式制度压力下的企业社会责任抉择研究——来自中国上市公司的经验证据》,《中国软科学》2018年第12期。

田广兰、李兰芬:《论现代社会道德责任之基础——基于现代技术挑战的伦理思考》,《上海师范大学学报》(哲学社会科学版)2020年第2期。

田虹、姜雨峰:《企业社会责任履行的动力机制研究》,《审计与经济研究》2014年第6期。

田虹、所丹妮:《基于企业社会责任导向的环境变革型领导对环境组织公民行为的影响机制研究》,《管理学报》2020年第5期。

田利辉、王可第:《社会责任信息披露的"掩饰效应"和上市公司崩盘风险——来自中国股票市场的 DID-PSM 分析》,《管理世界》2017 年第 11 期。

童泽林、黄静、张欣瑞、朱丽娅、周南:《企业家公德和私德行为的消费者反应:差序格局的文化影响》,《管理世界》2015 年第 4 期。

万俊人:《论市场经济的道德维度》,《中国社会科学》2000 年第 2 期。

王端旭、郑显伟:《员工道德认同与任务绩效:基于人际交换关系视角》,《商业经济与管理》2014 年第 11 期。

王芳:《正式制度、非正式制度与公共品供给——来自地级市的证据》,《世界经济文汇》2018 年第 4 期。

王夫乐:《社会道德与债务融资——来自民营上市公司的证据》,《中央财经大学学报》2019 年第 9 期。

王海妹、吕晓静、林晚发:《外资参股和高管、机构持股对企业社会责任的影响——基于中国 A 股上市公司的实证研究》,《会计研究》2014 年第 8 期。

王海明、曾德明:《管理者短视偏差对企业投资行为影响研究——一个基于股东短期利益压力视角的实证》,《财经理论与实践》2013 年第 1 期。

王俊秀:《社会心态:转型社会的社会心理研究》,《社会学研究》2014 年第 1 期。

王蕾:《企业道德的两个基本问题》,《伦理学研究》2010 年第 1 期。

王明杰:《企业家道德资本对绩效管理作用机制分析》,《商业经济与管理》2017 年第 11 期。

王群、黄慧媛、庄倩、褚淑贞:《企业社会责任透明度、法律环境与企业价值——来自中国上市公司的经验证据》,《技术经济》2020年第9期。

王少杰:《中国企业社会责任模型探索——对企业社会责任层次论的反思》,《管理案例研究与评论》2014年第3期。

王涛:《〈慈善法〉的立法理念、制度创新和完善路径》,《法学论坛》2018年第1期。

王文成、王诗卉:《中国国有企业社会责任与企业绩效相关性研究》,《中国软科学》2014年第8期。

王文龙、焦捷、金占明、孟涛、朱斌:《企业主宗教信仰与企业慈善捐赠》,《清华大学学报》(自然科学版)2015年第4期。

王霞、徐晓东:《竞争异质性、管理者道德认知与企业的生态创新研究》,《上海财经大学学报》2016年第4期。

王小锡:《当代中国企业道德现状及其发展策略分析》,《社会科学战线》2013年第2期。

王小锡:《论道德的经济价值》,《中国社会科学》2011年第4期。

王新、李彦霖、李方舒:《企业社会责任与经理人薪酬激励有效性研究——战略性动机还是卸责借口?》,《会计研究》2015年第10期。

王毅武、高盈盈:《社会主义核心价值观与中国现代管理理论》,《河北经贸大学学报》2017年第6期。

韦森:《经济学与伦理学》,上海人民出版社,2002。

韦森:《伦理道德与市场博弈中的理性选择》,《毛泽东邓小平理论研究》2003年第1期。

温素彬、李慧、焦然:《企业文化、利益相关者认知与财务绩效——多元资本共生的分析视角》,《中国软科学》2018年第4期。

温孝卿、赵春妮:《基于企业文化维度的企业社会责任表现的实证》,《统计与决策》2018年第9期。

文雯、宋建波:《高管海外背景与企业社会责任》,《管理科学》2017年第2期。

吴德军:《公司治理、媒体关注与企业社会责任》,《中南财经政法大学学报》2016年第5期。

吴定玉:《企业社会责任行为与企业竞争优势:转化效应与逻辑——来自中国100强社会责任上市公司经验证据的分析》,《商业研究》2018年第1期。

吴华、张爱卿、唐擎:《企业社会责任行为会促进组织污名管理吗?——基于归因理论视角》,《管理评论》2018年第7期。

吴新辉:《领导的伦理道德基础及其逻辑》,《湖湘论坛》2019年第2期。

吴玉章:《慈善:权力的介入》,《中国法律评论》2016年第4期。

吴月:《低碳经济背景下企业社会责任问题探析》,《湖南师范大学社会科学学报》2014年第4期。

肖海林、薛琼:《公司治理、企业社会责任和企业绩效》,《财经问题研究》2014年第12期。

肖红军、许英杰:《企业社会责任评价模式的反思与重构》,《经济管理》2014年第9期。

肖红军、阳镇:《共益企业:社会责任实践的合意性组织范式》,《中国工业经济》2018a年第7期。

肖红军、阳镇:《中国企业社会责任40年：历史演进、逻辑演化与未来展望》,《经济学家》2018b年第11期。

肖红军、张哲:《企业社会责任悲观论的反思》,《管理学报》2017年第5期。

肖日葵:《经济社会学视角下的企业社会责任分析》,《河南大学学报》(社会科学版)2010年第2期。

辛杰、吴创:《企业家文化价值观对企业社会责任的影响机制研究》,《中南财经政法大学学报》2015年第1期。

辛杰:《非正式制度、文化传统与企业社会责任困境的隐性消解》,《商业经济与管理》2014a年第9期。

辛杰:《企业社会责任自律与型构：非正式制度的嵌入》,《当代财经》2014b年第5期。

徐换歌:《评比表彰何以促进污染治理？——来自文明城市评比的经验证据》,《公共行政评论》2020年第6期。

徐汇丰、郭伟栋:《企业社会责任的价值相关性研究：综述与展望》,《现代管理科学》2019年第6期。

徐莉萍、辛宇、祝继高:《媒体关注与上市公司社会责任之履行——基于汶川地震捐款的实证研究》,《管理世界》2011年第3期。

徐细雄、李摇琴:《高管性别、制度环境与企业CSR决策》,《科研管理》2018年第3期。

徐召红、李秀荣:《企业社会责任的耦合推进机制设计》,《宏观经济研究》2018年第1期。

许敬媛:《论企业道德责任的实现路径》,《企业经济》2008年第2期。

许英杰、石颖、阳镇:《治理机制对企业社会责任能力成熟度影响的实证研究》,《经济体制改革》2018年第4期。

严若森、唐上兴:《上市公司参与精准扶贫能获得政府资源支持吗?》,《证券市场导报》2020年第11期。

颜节礼、朱晋伟:《当前民营企业文化建设瓶颈与推进路径》,《商业经济与管理》2013年第9期。

阳镇、陈劲、凌鸿程:《地区关系文化、正式制度与企业双元创新》,《西安交通大学学报》(社会科学版)2021年第5期。

杨洪涛、石春生、姜莹:《"关系"文化对创业供应链合作关系稳定性影响的实证研究》,《管理评论》2011年第4期。

杨萍、董军:《企业社会责任担当的经济伦理分析》,《现代管理科学》2009年第8期。

杨皖苏、杨善林:《中国情境下企业社会责任与财务绩效关系的实证研究——基于大、中小型上市公司的对比分析》,《中国管理科学》2016年第1期。

杨宜音:《个体与宏观社会的心理关系:社会心态概念的界定》,《社会学研究》2006年第4期。

杨自业:《企业社会责任研究中的几个基本理论问题》,《武汉大学学报》(哲学社会科学版)2009年第6期。

姚鹏、张泽邦、孙久文、闫昊生:《城市品牌促进了城市发展吗?——基于"全国文明城市"的准自然实验研究》,《财经研究》2021年第1期。

易冰娜、韩庆兰:《论企业社会责任与公司治理的融合与发展》,《理论探讨》2012年第4期。

尹开国、刘小芹、陈华东:《基于内生性的企业社会责任与财务绩效关系研究——来自中国上市公司的经验证据》,《中国软科学》2014a年第6期。

尹开国、汪莹莹、刘小芹:《产权性质、管理层持股与社会责任信息披露——来自中国上市公司的经验证据》,《经济与管理研究》2014b年第9期。

于连超、张卫国、毕茜:《党组织嵌入与企业社会责任》,《财经论丛》2019年第4期。

于晓红、武文静:《公司治理、社会责任与企业价值研究》,《当代经济研究》2014年第5期。

余炳元:《道德的市场与企业道德行为的合理性》,《伦理学研究》2010年第2期。

俞文钊、吕晓俊、王怡琳:《持续学习组织文化研究》,《心理科学》2002年第2期。

岳丽艳、王海传:《社会主义核心价值观的功能解剖》,《山东社会科学》2016年第8期。

张建君:《竞争—承诺—服从:中国企业慈善捐款的动机》,《管理世界》2013年第9期。

张丽芬、黄姝、陈云凡:《慈善动机:企业与公民的差异比较及其政策意义》,《山东社会科学》2014年第7期。

张奇林:《〈慈善法〉与中国慈善事业的可持续发展》,《江淮论坛》2016年第4期。

张强:《网络嵌入、社会责任与品牌价值——基于制造业企业经验数据的实证研究》,《山东社会科学》2018年第7期。

张蕊、蒋煦涵:《党组织治理、市场化进程与社会责任信息披露》,《当代财经》2019年第3期。

张四龙、李明生、颜爱民:《组织道德气氛、主管信任和组织公民行为的关系》,《管理学报》2014年第1期。

张天舒、王子怡:《荣誉称号影响官员晋升的信号机制研究——来自全国文明城市评比的证据》,《中国行政管理》2020年第9期。

张婷婷:《区域文化对企业社会责任信息披露质量的影响——来自中国上市公司的证据》,《北京工商大学学报》(社会科学版)2019年第1期。

张兆国、靳小翠、李庚秦:《企业社会责任与财务绩效之间交互跨期影响实证研究》,《会计研究》2013年第8期。

张兆国、向首任、曹丹婷:《高管团队异质性与企业社会责任——基于预算管理的行为整合作用研究》,《管理评论》2018年第4期。

张哲:《企业声誉与企业社会责任的比较研究——基于利益相关者视角》,《技术经济与管理研究》2015年第12期。

张正勇、邓博夫:《企业社会责任、货币政策与商业信用融资》,《科研管理》2018年第5期。

章高荣:《政治、行政与社会逻辑:政策执行的一个分析框架——以〈慈善法〉核心条款的实施为例》,《中国行政管理》2018年第9期。

章辉美、李绍元:《中国企业社会责任的理论与实践》,《北京师范大学学报》(社会科学版)2009年第5期。

章辉美、赵玲玲:《企业社会责任研究回顾与综述》,《江汉论坛》

2010年第1期。

赵德志:《论企业社会责任的对象——一种基于利益相关者重新分类的解释》,《当代经济研究》2015年第2期。

赵华灵:《企业社会责任伦理探析》,《道德与文明》2012年第1期。

赵辉、田志龙:《伙伴关系、结构嵌入与绩效:对公益性CSR项目实施的多案例研究》,《管理世界》2014年第6期。

赵天骄、肖翔、张冰石:《利益相关者网络特征与民营企业社会责任绩效》,《管理学报》2019年第3期。

赵天骄、肖翔、张冰石:《企业社会责任对资本配置效率的动态影响效应——基于公司治理视角的实证研究》,《山西财经大学学报》2018年第11期。

郑登津、谢德仁:《非公有制企业党组织与企业捐赠》,《金融研究》2019年第9期。

郑琦:《〈慈善法〉出台后的慈善走向》,《理论视野》2016年第9期。

郑琴琴、陆亚东:《"随波逐流"还是"战略选择":企业社会责任的响应机制研究》,《南开管理评论》2018年第4期。

钟宏武:《慈善捐赠与企业绩效》,经济管理出版社,2007。

钟宇翔、吕怀立、李婉丽:《管理层短视、会计稳健性与企业创新抑制》,《南开管理评论》2017年第6期。

周浩、汤丽荣:《市场竞争能倒逼企业善待员工吗?——来自制造业企业的微观证据》,《管理世界》2015年第11期。

周宏、建蕾、李国平:《企业社会责任与债券信用利差关系及其影响机制——基于沪深上市公司的实证研究》,《会计研究》2016 年第 5 期。

周婷婷、郭岩:《关系文化、信贷资源与大数据公司创新效率》,《科研管理》2020 年第 2 期。

周中胜、何德旭、李正:《制度环境与企业社会责任履行:来自中国上市公司的经验证据》,《中国软科学》2012 年第 10 期。

周祖城:《论企业伦理责任在企业社会责任中的核心地位》,《管理学报》2014 年第 11 期。

朱富强:《契约主义企业观的责任性文化:再论国企改革中的新型劳动关系》,《人文杂志》2019 年第 10 期。

朱华伟、涂荣庭、靳菲:《好事是否要做到底:企业停止承担社会责任后公众的态度变化》,《南开管理评论》2014 年第 6 期。

朱金鹤、王雅莉、侯林岐:《文明城市评比何以促进劳动力流入?——来自地级市的准自然实验证据》,《产业经济研究》2021 年第 3 期。

朱敏、施先旺、郭艳婷:《企业社会责任动机:于公还是于私——基于中国上市公司盈余质量的经验证据》,《山西财经大学学报》2014 年第 11 期。

朱清香、郭欢、马焕超:《社会责任表现、会计稳健性与权益资本成本》,《财会通讯》2019 年第 31 期。

朱永明:《企业社会责任履行能力成熟度研究》,《郑州大学学报》(哲学社会科学版) 2009 年第 6 期。

祝继高、辛宇、仇文妍:《企业捐赠中的锚定效应研究——基于"汶川地震"和"雅安地震"中企业捐赠的实证研究》,《管理世界》

2017 年第 7 期。

祝树金、段凡、邵小快、钟腾龙:《出口目的地非正式制度、普遍道德水平与出口产品质量》,《世界经济》2019 年第 8 期。

Adams, M., Hardwick, P., "An analysis of corporate donations: United Kingdom evidence," *Journal of Management Studies*, 35(5)(1998):641-654.

Aghion, P., Van Reenen, J., Zingales, L., "Innovation and institutional ownership," *American Economic Review*, 103(1)(2013):277-304.

Aidis, R., Estrin, S., Mickiewicz, T., "Institutions and entrepreneurship development in Russia: A comparative perspective," *Journal of Business Venturing*, 23(6)(2008):656-672.

Ajzen, I., "The theory of planned behavior," *Organizational Behavior & Human Decision Processes*, 50(2)(1991):179-211.

Akerlof, G. A., Kranton, R. E., "Economics and identity," *Quarterly Journal of Economics*, 115(3)(2000):715.

Alexander, R., "The biology of moral systems," *University of Toronto Law Journal*, 39(3)(1987):318.

Aquino, K., Reed, A., "The self-importance of moral identity," *Journal of Personality and Social Psychology*, 83(6)(2002):1423-1440.

Arnaud, A., "Conceptualizing and measuring ethical work climate," *Business & Society*, 49(2)(2010):345-358.

Atanassov, J., "Do hostile takeovers stifle innovation? Evidence from antitakeover legislation and corporate patenting," *The Journal of Finance*, 68(3)(2013):1097-1131.

Atkinson, L., Galaskiewicz, J., "Stock ownership and company contributions to charity," *Administrative Science Quarterly*, 33(1)(1988):82-100.

Attig, N., Boubakri, N., El, Ghoul, S., et al., "Firm internationalization and corporate social responsibility," *Journal of Business Ethics*, 134(2)(2016):171-197.

Aupperle, K. E., Carroll, A. B., Hatfield, J. D., "An empirical examination of the relationship between corporate social responsibility and profitability," *The Academy of Management Journal*, 28(2)(1985):446-463.

Bai, C. E., Li, D. D., Tao, Z., et al., "A multitask theory of state enterprise reform," *Journal of Comparative Economics*, 28(2000):716-738.

Bandura, A., *Social foundations of thought and action: A social cognitive theory* (Englewood Cliffs, NJ: Prentice Hall, 1986).

Bandura, A., *Social learning theory* (Oxford, UK: Prentice Hall, 1977).

Bansal, P., Hunter, T., "Strategic explanations for the early adoption of ISO 14001," *Journal of Business Ethics*, 46(3)(2003):289-299.

Barnea, A., Rubin, A., "Corporate social responsibility as a conflict between shareholders," *Journal of Business Ethics*, 97(1)(2010):71-86.

Barney, J., "Firm resources and sustained competitive advantage," *Journal of Management*, 17(1)(1991):99-120.

Baum, J., Calabrese, T., Silverman, B. S., "Don't go it alone:

Alliance network composition and startups' performance in Canadian biotechnology," *Strategic Management Journal*, 21(3)(2015):267-294.

Bluedorn, A. C., Martin, G., "The time frames of entrepreneurs," *Journal of Business Venturing*, 23(2008):1-20.

Bobek, D. D., Hageman, A. M., Kelliher, C. F., "Analyzing the role of social norms in tax compliance behavior," *Journal of Business Ethics*, 115(3)(2013):451-468.

Bolton, P., Scheinkman, J., Xiong, W., "Executive compensation and short-termist behaviour in speculative markets," *The Review of Economic Studies*, 73(3)(2006):577-610.

Bowen, H. R., *Social responsibilities of the businessman* (New York: Harper, 1953), p.31.

Brammer, S., Williams, G., Zinkin, J., "Religion and attitudes to corporate social responsibility in a large cross-country sample," *Journal of Business Ethics*,71(3)(2007):229-243.

Brochet, F., Loumioti, M., Serafeim, G., "Speaking of the shortterm: Disclosure horizon and managerial Myopia," *Review of Accounting Studies*, 20(3)(2015):1122-1163.

Brown, T. J., Dacin, P. A., "The company and the product: Corporate associations and consumer product responses," *Journal of Marketing*, 61(1)(1997):68-84.

Buchanan, A., *Ethics, efficiency and the market* (Rowman & Littlefield Publishers, 1985).

Burke, L., Logsdon, J. M., "How corporate social responsibility pays off," *Long Range Planning*, 29(4)(1996):495-502.

Burt, R. S., *Structural holes: The social structure of competition* (Cambridge: Harvard University Press, 1992).

Campbell, J. L., "Why would corporations behave in socially responsible ways? An institutional theory of corporate social responsibility," *Academy of Management Review*, 32(3)(2007):946-967.

Carroll, A. B., "A three-dimensional conceptual model of corporate performance," *The Academy of Management Review*, 4(4)(1979):497-505.

Carroll, A. B., "The pyramid of corporate social responsibility toward the model of management organizational stakeholders," *Business Horizons*, 1991,34(4):39-48.

Carroll, A., Shabana, K., "The business case for corporate social responsibility: A review of concepts, research and practice," *International Journal of Management Reviews*, 12(1)(2010):85-105.

Chatterjee, A., Hambrick, D. C., "Executive personality, capability cues, and risk taking how narcissistic CEOs react to their successes and stumbles," *Administrative Science Quarterly*, 56(2)(2011):202-237.

Chen, C. C., Chen, Y. R., Xin, K., "Guanxi practices and trust in management: A procedural justice perspective," *Organization Science*, 15(2)(2004):200-209.

Chen, S., Zheng, S., Song, T., Wu, D., "Government intervention and investment efficiency: Evidence from China," *Journal of Corporate Finance*, 17(2)(2011):259-271.

Chintrakarn, P., Jiraporn, P., Sakr, S., et al., "Do coopted directors mitigate managerial Myopia? Evidence from R & D investments," *Finance Research Letters*, 17(2016):285-289.

Chizema, A., Liu, X., Lu, J., Gao, L., "Politically connected boards and top executive pay in Chinese listed firms," *Strategic Management Journal*, 36(6)(2015):890-906.

Cho, C. H., Chen, J. C., Roberts, R. W., "The politics of environmental disclosure regulation in the chemical and petroleum industries: Evidence from the emergency planning and community right-to-know act of 1986," *Critical Perspectives on Accounting*, 19(4) (2008):450-465.

Cho, S. Y., Lee, C., Pfeiffer, J. R. J., "Corporate social responsibility performance and information asymmetry," *Journal of Accounting and Public Policy*, 32(1)(2013):71-83.

Coleman, J. S., *Foundations of social theory* (Cambridge, MA: Harvard University Press, 1990).

Cordeiro, J. J., Tewari, M., "Firm characteristics, industry context, and investor reactions to environmental CSR: A stakeholder theory approach," *Journal of Business Ethics*, 130(4)(2015):833-849.

Cowen, S. S., Ferreri, L. B., Parker, L. D., "The impact of corporate characteristics on social responsibility disclosure: A typology and frequency-based analysis," *Accounting, Organizations and Society*, 12(2) (1987):111-122.

Cox, P., Brammer, S., Millington, A., "An empirical examination of institutional investor preferences for corporate social performance,"

Journal of Business Ethics, 52(1)(2004):27-43.

Crespo, J., Suire, R., Vicente, J., "Lock-in or lock-out? How structural properties of knowledge networks affect regional resilience," *Journal of Economic Geography*, 14(1)(2014):199-219.

Cullen, J. B., Victor, B., Stephens, V. C., "An ethical weather report: Assessing the organization's ethical climate," *Organizational Dynamics*, 18(2)(1989):50-62.

Davies, H., *China business: Context and issues* (Hong Kong: Longman Asia, 1995).

Davis, K. P., Blomstrom, R. L., *Business and society: Environment and responsibility* (New York: Mc Graw-Hill, 1975).

Davis, K., "Can business afford to ignore social responsibilities?" *California Management Review*, 2(1960):70-76.

Davis, K., "Understanding the social responsibility puzzle: What does the businessman owe to society," *Business Horizons*, (10)(1967):45-50.

Delmas, M. A., Toffel, M. W., "Organizational responses to environmental demands: Opening the black box," *Strategic Management Journal*, 29(10)(2008):1027-1055.

Dimaggio, P,. *Nonprofit enterprise in the arts:Studies in mission and constraint* (New York:Oxford University Press, 1986).

Dirks, K. T., Ferrin, D. L., "Trust in leadership: Meta-analytic findings and implications for research and practice," *Journal Applied Psychology*, 87(4)(2002):611-628.

Donald, V. M., Martin, P. R., "A broader perspective on corporate social responsibility research in accounting," *The Accounting Review*, 87(3)(2012):797-806.

Donaldson, L,. *The contingency theory of organizations* (London: Sage.2001).

Drucker, P. F., "The new meaning of corporate social responsibility," *California Management Review*, 26(2)(1984):53-63.

Du, X., "Is corporate philanthropy used as environmental misconduct dressing? Evidence from Chinese family-owned firms," *Journal of Business Ethics*, 129(2)(2015):341-361.

Dyck, A., Volchkova, N., Zingales, L., "The corporate governance role of the media: Evidence from Russia," *Journal of Finance*, 63(2008):1093-1135.

Hayek, F. A., "The Constitution of liberty," *The University of Chicago Press*, 172(8)(1990):825-826.

Fei, X., *From the soil: The foundations of Chinese society* (Berkeley, Calif.: University of California Press, 1992).

Fiegenbaum, A., Hart, S., Schendel, D., "Strategic reference point theory," *Strategic Management Journal*, 17(3)(1996):219-235.

Fombrun, C. J., Gaedberg, N. A., Barnett, M. L., et al., "Opportunity platform and safety nets: Corporate citizenship and reputational risk," *Business Society Review*, 105(1)(2000):85-106.

Fombrun, C., Shanley, M., "What's in a name? Reputation building and corporate strategy," *The Academy of Management Journal*, 33(2)(1990):233-258.

Freeman, R. E., Evan, W. M., "Corporate governance: A stakeholder interpretation," *Journal of Behavioral Economics*, 19(4)(1990):337-359.

French, P., "The Corporation as a moral person," *American Philosophical Quarterly*, 16(3)(1979):297-317.

Friedman, M., "The social responsibility of business is to enhance its profits," *New York Times*, 32(13)(1970):122-126.

Fukuyama, F., "Trust: The social virtues and the creation of prosperity," *Simon & Schuster Press*, 40(2)(1996):333.

Gambetta, D., "Mafia: The price of distrust," in Diego Gambetta, ed., *Trust: making and breaking cooperative relations* (Oxford: Basil Blackwell, 1988), pp.158-175.

Gao, Y., "Government intervention, perceived benefit, and bribery of firms in transitional China," *Journal of Business Ethics*, 104(2)(2011):175-184.

Gardberg, N. A., Fombrun, C. J., "Corporate citizenship: Creating intangible assets across institutional environments," *Academy of Management Review*, 31(2)(2006):329-346.

Gehringer, T., "Corporate foundations as partnership brokers in supporting the United Nations' sustainable development goals (SDGs)," *Sustainability*, 12(18)(2020):7820.

Gelb, D., Strawser, J. A., "Corporate social responsibility and financial disclosures: An alternative explanation for increased disclosure," *Journal of Business Ethics*, 33(1)(2001):1-13.

Godfrey, P. C., "The relationship between corporate philanthropy and shareholder wealth: A risk management perspective," *Academy of Management Review*, 30(4)(2005):777-798.

Goldrich, J. M., "A Study in time orientation:The relation between memory for past experience and orientation to the future," *Journal of Personality and Social Psychology*, 6(1967):216-221.

Goodpaster, K. E., "The concept of corporate responsibility," *Journal of Business Ethics*, 2(1)(1983):1-22.

Granovetter, M., Swedberg, R., "The sociology of economic life," *Boulder West View*, 27(3)(1992):956-958.

Granovetter, M., "Economic action and social structure: The problem of embeddedness," *American Journal of Sociology*, 91(3)(1985):481-510.

Graves, L. M., Sarkis, J., Zhu, Q., "How transformational leadership and employee motivation combine to predict employee proenvironmental behaviors in China," *Journal of Environmental Psychology*, 35(1)(2012):81-91.

Gross, A., Roberts, G., "The impact of corporate social responsibility on the cost of bank loans," *Journal of Banking and Finance*, 35(7)(2011):1794-1810.

Gu, H., Chris, R., "Ethics and corporate social responsibility: An analysis of the views of Chinese hotel managers," *International Journal of Hospitality Management*, (30)(2011):875-885.

Guiso, L., Sapienza, P., Zingales, L., "Corporate culture,societal culture, and institutions," *The American Economic Review*, 105(5)(2015):336-339.

Gwraham, J. R., Harvey, C. R., Rajgopal, S., "The economic implications of corporate financial reporting," *Journal of Accounting and Economics*, 40(1)(2005):3-73.

Hadjikhani, A., Lee, J. W., Park, S., "Corporate social responsibility as a marketing strategy in foreign markets: The case of Korean MNCs in the Chinese electronics market," *International Marketing Review*, 33(4)(2016):530-554.

Halinen, A., Törnroos, J., "The role of embeddedness in the evolution of business networks," *Scandinavian Journal of Management*, 15(3)(1998):187-205.

Hambrick, D. C., Mason, P. A., "Upper echelons: The organization as a reflection of its top managers," *Academy of Management Review*, 9(1984):193-206.

Hameed, I., Waris, I., Mirza, A., "Predicting ecoconscious consumer behavior using theory of planned behavior in Pakistan," *Environmental Ence and Pollution Research*, 26(15)(2019):15535-15547.

Han, Z., Wang, Q., Yan, X., "How responsible leadership motivates employees to engage in organizational citizenship behavior for the environment: A double-mediation model," *Sustainability*, 11(3)(2019):88-101.

Hansen, M. T., Podolny, J. M., Pfeffer, J., "So many ties, so little time: A task contingency perspective on corporate social capital," *Research in the Sociology of Organizations*, 18(3)(2001):21-57.

Hart, O. D., "The market mechanism as an incentive scheme," *The*

Bell Journal of Economics, 14(2)(1983):366-382.

He, J. J., Tian X., "The dark side of analyst coverage: The case of innovation," *Journal of Financial Economics*, 109(3)(2013):856-878.

Heckman, J. J., Ichimura, H., Todd, P. E., "Matching as an econometric evaluation estimator: evidence from evaluating a job training programme," *Review of Economic Studies*, 64(4)(1997):605-654.

Helmke, G., Levitsky, S., "Informal institutions and comparative politics: A research agenda," *Perspectives on Politics*, 2(4)(2004):725-740.

Hemingway, C. A., Maclagan, P. W., "Managers' personal values as drivers of corporate social responsibility," *Journal of Business Ethics*, 50(1)(2004):33-44.

Hess, M., "'Spatial' relationships? Towards a conceptualization of embeddedness," *Progress in Human Geography*, 28(2)(2004):165-186.

Holman, E. A., Zimbardo, P. G., "The social language of time:The time perspective-social network connection," *Basic and Applied Social Psychology*, 31(2)(2009):136-147.

Holmström, B., "Managerial incentive problems: A dynamic perspective," *The Review of Economic Studies*, 66(1)(1999):169-182.

Hu J., Tian, X., *Do short sellers exacerbate or mitigate managerial Myopia? Evidence from patenting activities* (Kelley School of business Indiana University, 2016).

Hu, K. H., Lin, S. J., Hsu, M. F., "A fusion approach for exploring the key factors of corporate governance on corporate social responsibility performance," *Sustainability*, 10(5)(2018):1582.

Hwang, K. K., "Face and favor: The Chinese power game," *American Journal of Sociology*, 92(4)(1987):944-974.

Jamali, D., "The case for strategic corporate social responsibility in developing countries," *Business and Society Review*, 112(1)(2007):1-27.

Jeffrey, R. B., "A survey of contingent claims approaches to risky debt valuation," *Journal of Risk Finance*, 1(3)(2000):53-70.

Jiang, F., Jiang, Z., Kim, K. A., Zhang, M., "Family- firm risk-taking: Does religion matter? ," *Journal of Corporate Finance*, 33(8)(2015):260-278.

Kogut, B., Zander, U., "Knowledge of the firm, combinative capabilities, and the replication of technology," *Editor(s): Laurence Prusak, Knowledge in Organisations, Butterworth-Heinemann*, 3(3)(1997):17-35.

Korten, D. C., "When corporations rule the world," *Long Range Planning*, 29(4)(1996):593.

Kotchen, M. J., Moon, J. J., "Corporate social responsibility for irresponsibility," *The B.E. Journal of Economic Analysis &Policy*, 12(1)(2012):1-23.

Kotz, D. M., "Corporate profits and cooptation-networks of market constraints and directorate ties in the American-economy-burt, RS," *Journal Of Economic Literature*, 23(3)(1985):1238-1239.

Kraft, A. G., Vashishtha, R., Venkatachalam, M., "Frequent financial reporting and managerial Myopia," *The Accounting Review*, 93(2)

(2017):249-275.

Lantos, G. P., "The boundaries of strategic corporate social responsibility," *Journal of Consumer Marketing*, 18(7)(2001):595-630.

Laverty, K. J., "Economic 'Short-Termism': The debate, the unresolved issues, and the implications for management practice and research," *Academy of Management Review*, 21(3)(1996):825-860.

Lee, M. P., "A review of the theories of corporate social responsibility: Its evolutionary path and the road ahead," *International Journal of Management Reviews*, 10(1)(2008):53-73.

Lins, K. V., Servaes, H., Tamayo, A., "Social capital, trust, and firm performance: The value of corporate social responsibility during the financial crisis," *The Journal of Finance*, 72(4)(2017):1785-1824.

Lovett, S., Simmons, L. C., Kali, R., "Guanxi versus the market: Ethics and efficiency," *Journal of International Business Studies*, 30(2) (1999):231-247.

Lumpkin, G. T., Brigham, K. H., "Long-term orientation and intertemporal choice in family firms," *Entrepreneurship Theory and Practice*, 35(2011):1149-1169.

Mahapatra, S., "Investor reaction to a corpporate social accounting," *Journal of Business Finance & Accounting*, 11(1)(1984):29-40.

Manne, H. G, Wallich, H. C., *The modern corporation and social responsibility* (Washington: DC: American Enterprise Institute for Public Policy Research, 1972).

Manner, M. H., "The impact of CEO characteristics on corporate social performance," *Journal of Business Ethics*, 93(1)(2010):53-72.

Matten, D., Moon, J., "'Implicit' and 'Explicit' CSR: A conceptual framework for a comparative understanding of corporate social responsibility," *Academy of Management Review*, 33(2)(2008):404-424.

McGuire, J. B., Undgren, S. A., Schneeweis, T., "Corporate social responsibility and firm financial performance," *Academy of Management Journal*, 31(4)(1988):854-872.

McCarthy, S., Oliver, B., Song, S., "Corporate social responsibility and CEO confidence," *Journal of Banking and Finance*, 75(2)(2017):280-291.

Arthur, W. B., "Complexity economics: A different framework for economic thought," *Santa Fe Institute Working Paper*, (4)(2013).

McMillan, J., Naughton, B., *Reforming Asian socialism: The growth of market institutions* (Published by The University of Michigan, 1996).

McWilliams, A., Siegel, D., "Corporate social responsibility and financial performance: Correlation or Misspecification? ," *Strategic Management Journal*, 21(5)(2000):603-609.

Meyer, J. W., Rowan, B., "Institutionalized organizations: Formal structure as myth and ceremony," *American Journal of Sociology*, 83(2)(1977):340-363.

Meyer, J. W., Scott, W. R., "Organization environments: Ritual and rationality," *Sage*, 1983.

Minciullo, M., Pedrini, M., "Antecedents of board involvement and its consequences on organisational effectiveness in non-profit organisations: A study on European corporate foundations," *Journal of Management and Governance*, 24(2)(2020):531-555.

Minor, D., Morgan, J., "CSR as reputation insurance: Primum non nocere," *California Management Review*, 53(3)(2011):40-59.

Mohr, L. A., Webb, D. J., "The effects of corporate social responsibility and price on consumer responses," *Journal of Consumer Affairs*, 39(1)(2005):121-147.

Monforta, A., Villagrab, N., "Economic impact of corporate foundations: An event analysis approach," *Journal of Business Research*, 122(2021):159-170.

Moore, C., Detert, J. R., Lk, Treviño, et al., "Why employees do bad things: moral disengagement and unethical organizational behavior," *Personnel Psychology*, 65(1)(2012):1-48.

Morgan, R. M., Hunt, S. D., "The commitment-trust theory of relationship marketing," *Journal of Marketing*, 58(3)(1994):20-38.

Nagel, I. H., Swenson, W. M., "The federalsentencing guidelines for corporations: Their development, theoretical underpinnings and some thoughts about their future," *Washington University Law Quarterly*, 71(1993):205-258.

Narayanan, M. P., "Managerial incentives for short-term results," *The Journal of Finance*, 40(5)(1985):1469-1484.

Nee, V., Su, S., "Institutions, social ties,and commitment in China's corporatist transformation, in Mc Millan, J. and Naughton, B., eds., *Reforming Asian socialism: The growth of market institutions* (University of Michigan Press, 1996), pp.111-134.

Neubaum, D. O., Zahra, S. A., "Institutional ownership and corporate social performance: The moderating effects of investment horizon, activism, and coordination," *Journal of Management*, 32(1)(2006):108-131.

Ng, T. W. H., "Transformational leadership and performance outcomes: Analyses of multiple mediation pathways," *Leadership Quarterly*, 28(3)(2017):385-417.

North, D. C., "Institution," *Journal of Economic Perspectives*, 5(1)(1991):97-112.

North, D. C., *Institutions, institutional change and economic performance* (Cambridge: Cambridge University Press, 1990).

North, D. C., *Structure and change in economic history* (Norton & Company, Inc., New York, 1981).

Oh, W. Y., Chang, Y. K., Martynov, A., "The effect of ownership structure on corporate social responsibility: Empirical evidence from Korea," *Journal of Business Ethics*, 104(2)(2011):283-297.

Okten, C., Weisbrod, B. A., "Determinants of donations in private nonprofit markets," *Journal of Public Economics*, 75(2)(2000):255-272.

Oliver, C., "Strategic responses to institutional processes," *Academy of Management Review*, 16(1)(1991):145-179.

Orlitzky, M., Schmidt, F.L., Rynes, S. L., "Corporate social and financial perfor-mance: A meta-analysis," *Organization Studies*, 24(3)(2003):403-441.

Paine, L. S., "Why companies must merge social and financial imperatives to achieve superior performance," *McGraw-Hill Press*, 17(2)(2003):142-144.

Park, S. H., Luo, Y., "Guanxi and organizational dynamics: Organizational networking in Chinese firms," *Strategic Management Journal*, 22(5)(2001):455-477.

Parsons, T., *Structure and process in modern societies* (Glencoe, IL: Free Press, 1960).

Pejovich, S., "The effects of the interaction of formal and informal institutions on social stability and economic development," *Journal of Markets & Morality*, 2(2)(1999):164-181.

Peng, M. W., Luo, Y., "Managerial ties and firm performance in a transition economy: The nature of a micro-macro link," *The Academy of Management Journal*, 43(3)(2000):486-501.

Peng, Y., "Kinship networks and entrepreneurs in China's transitional economy," *American Journal of Sociology*, 109(5)(2004):1045-1074.

Pennebaker, J. W., Mehl, M. R., Niederhoffer, K. G., "Psychological aspects of natural language use:Our words,our selves," *Annual Review of Psychology*, 54(1)(2003):547-577.

Petersen, H. L., Vredenburg, H., "Morals or economics? Institutional investor preferences for corporate social responsibility," *Journal of Business Ethics*, 90(1)(2009):1-14.

Petrenko, O. V., Aime, F., Ridge, J., et al., "Corporate social responsibility or CEO narcissism? CSR motivations and organizational performance," *Strategic Management Journal*, 37(2)(2016):262-279.

Petrovits, C. M., "Corporate-sponsored foundations and earnings management," *Journal of Accounting and Economics*, 41(3)(2006):335-362.

Piotroski, J., Wong, T., "Institutions and information environment of Chinese listed firms," *Capitalizing China, University of Chicago Press*, 47(2012):201-242.

Platonova, E., Asutay, M., Dixon, R., et al., "The impact of corporate social responsibility disclosure on financial performance: Evidence from the GCC islamic banking sector," *Journal of Business Ethics*, 151(2)(2018):1-21.

Polanyi, K., *The great transformation* (New York: Farrar and Rinehart, 1944).

Polk, C., Sapienza, P., "The stock market and corporate investment: A test of catering theory," *Review of Financial Studies*, 22(1)(2009):187-217.

Porter, M. E., Kramer, M. R., "Creating shared value," *Harvard Business Review*, 89(1-2)(2011):62-77.

Porter, M. E., Kramer, M. R., "Strategy and society: The link between competitive advantage and corporate social responsibility," *Harvard BusinessReview*, 84(12)(2006):138-139.

Price, J. M., Sun, W., "Doing good and doing bad: The impact of corporate social responsibility and irresponsibility on firm performance," *Journal of Business Research*, 80(C)(2017):82-97.

Reed, A., Aquino, K., "Moral identity and the expanding circle of moral regard toward out-groups," *Journal of Personality and Social Psychology*, 84(6)(2003):1270-1286.

Rey-Garcia, M., Sanzo-Perez, M. J., Álvarez-González, L. I., "To found or to fund? Comparing the performance of corporate and noncorporate foundations," *Nonprofit & Voluntary Sector Quarterly*, 47(3)(2018):514-536.

Reynolds, S. J., Ceranic, T. L., "The effects of moral judgment and moral identity on moral behavior: An empirical examination of the moral individual," *Journal of Applied Psychology*, 92(6)(2007):610-1624.

Richardson, A. J., Welker, M., "Social disclosure, financial disclosure and the cost of equity capital," *Accounting, Organizations and Society*, 2001,26(7)(2001):597-616.

Robertson, J. L., Barling, J., "Contrasting the nature and effects of environmentally specific and general transformational leadership," *Leadership & Organization Development Journal*, 38(1)(2017):22-41.

Rosnan, H., Saihani, S. B., Yusof, N. M., "Attitudes towards corporate social responsibility among budding business leaders," *Social and Behavioral Sciences*, (107)(2013):52-58.

Rowley, T., Berman, S., "A brand new brand of corporate social performance," *Business & Society*, 39(4)(2000):397.

Russo, M. V., Fouts, P. A., "A resource-based perspective on corporate environmental performance and profitability," *Academy of Management Journal*, 40(3)(1997):534-559.

Salewski, M., Zülch, H., "The association between corporate social responsibility (CSR) and earnings quality——Evidence from European blue chips," *Journal of Accounting and Auditing*, (3)(2013):55-96.

Sansing, R., Yetman, R., "Governing private foundations using the tax law," *Journal of Accounting and Economics*, 41(3)(2005):363-384.

Schnatterly, K., Shaw, K. W., Jennings, W. W., "Information advantages of large institutional owners," *Strategic Management Journal*, 29(2)(2008):219-227.

Schwartz, M. S., Carroll, A. B., "Corporate social responsibility: A three-domain approach," *Business Ethics Quarterly*, 13(4)(2003):503-530.

Scott, C. S., Linda, F. B., Lee, P. D., "The impact of corporate characteristics on social responsibility disclosure: A typology and frequency-based analysis," *Accounting, Organizations and Society*, 12(2)(1987):111-122.

Scott, W. R., *Institutions and organizations* (London: Sage Publication Ltd, 1995).

Scott, W. R., *Institutions and organizations* (New York: Sage Publications, 2001).

Selznick, P., *TVA and the grass roots: A study in the sociology of formal organization* (Berkeley: University of California Press, 1949).

Sethi, S. P., "Dimensions of corporate social performance: An analytical framework," *California Management Review*, 17(3)(1975):58-64.

Simnett, R., Vanstraelen, A., Chua, W. F., "Assurance on sustainability reports: An international comparison," *The Accounting Review*, 84(3)

(2009):937-967.

Smith, A., *An inquiry into the nature and causes of the wealth of nations* (John Wiley & Sons, Ltd, 1776).

Smith, A., *The theory of moral sentiments* (New York: Oxford Univ Press, 1976).

Stanwick, P. A., Stanwick, S. D., "The relationship between corporate social performance, and organizational size, financial performance, and environmental performance: An empirical examination," *Journal of Business Ethics*, 17(2)(1998):195-204.

Stein, J. C., "Efficient capital markets, inefficient firms: A model of Myopic corporate behavior," *The Quarterly Journal of Economics*, 104(4)(1989):655-669.

Sternberg, E., "Corporate social responsibility and corporate governance," *Economic Affairs*, 29(4)(2009):5-10.

Strand, R., "Exploring the role of leadership in corporate social responsibility: A review," *Journal of Leadership, Accountability and Ethics*, 8(4)(2011):84-96.

Suchman, M. C., "Managing legitimacy: Strategic and institutional approaches," *The Academy of Management Review*, 20(3)(1995):571-610.

Swanson, D. L., "Addressing a theoretical problem by reorienting the corporate social performance model," *Academy of Management Review*, 20(1)(1995):43-64.

Swanson, D., Niehoff, B. P., "Business citizenship outside and inside organisations: An emergent synthesis of corporate responsibility and employee citizenship," *Perspectives on Corporate Citizenship*, 2001:104-116(13).

Tabellini, G., "Institutions and culture," *Journal of the European Economic Association*, 6(2-3)(2008a):255-294.

Tabellini, G., "The scope of cooperation: Values and incentives," *The Quarterly Journal of Economics*, 123(3)(2008b):905-950.

Thomas, M. J., "Instrumental stakeholder theory: A synthesis of ethics and economics," *The Academy of Management Review*, 20(2)(1995):404-437.

Tonova, E., Asutay, M., Dixon, R., et al., "The impact of corporate social responsibility disclosure on financial performance: Evidence from the GCC islamic banking sector," *Journal of Business Ethics*, 151(2)(2018):1-21.

Trivers, R. L., "The evolution of reciprocal altriusm," *Quarterly Review of Biology*, 46(1)(1971):35-57.

Ulrich, D., Barney, J. B., "Perspectives in organizations: Resource dependence, efficiency, and population," *The Academy of Management Review*, 9(3)(1984):471-481.

Useem, M., Kutner, S., "Corporate contributions to culture and the arts:The organization of giving and the influence of the chief executive officer and of other firms on company contributions in massachusetts," 1986.

Uzzi, B., "Social structure and competition in inter-firm networks: The paradox of embeddedness," *Administrative Science Quarterly*, 42(1)

(1997):35-67.

Vicentei, L. C., Fátima, D. S. F., Vasconcellos, F. D., "Corporate social responsibility, firm value and financial performance in Brazil," *Social Responsibility Journal*, 7(2)(2011):295-309.

Victor, B., Cullen, J. B., "A theory and measure of ethical climate in organizations,"in Frederick, W. C., ed., *Research in corporate social performance and policy* (Greenwich: JAI Press, 1987), pp.51-71.

Victor, B., Cullen, J. B., "The organizational bases of ethical work climates," *Administrative Science Quarterly*, 1988,33(1):101-125.

Waddock, S. A., Graves, S. B., "The corporate social performance financial performance link," *Strategic Man agement Journal*, 18(4)(1997):303-319.

Wang, H., Qian, C., "Corporation philanthropy and corporate financial performance: The role of stakeholder response and political access," *Academy of Management Journal*, 54(6)(2011): 1159-1181.

Wood, D. J., "Corporate social performance revisited," *Academy of Management Review*, 16(4)(1991):691-718.

Wood, D., Logsdon, J., "Business citizenship: From individuals to organizations," *Ethics and Entrepreneurship*, 3(2002):59-94.

Xiang, L., Chen, Z., "Corporate governance, social responsibility information disclosure, and enterprise value in China," *Journal of Cleaner Production*, 142(20)(2017):1075-1084.

Xin, K. K., Pearce, J. L., "Guanxi: connections as substitutes for formal institutional support," *The Academy of Management Journal*, 39(6)

(1996):1641-1658.

Yeung, I., Tung, R. L., "Achieving business success in confucian societies: The importance of Guanxi (connections)," *Organizational Dynamics*, 15(2)(1996):54-65.

Zajda, J., "Educational reform and transformation in Russia: Why education reforms fail," *European Education*, 35(1)(2003):58-88.

Zhang, C. J., Tan, J., Tan, D., "Fit by adaptation or fit by founding? A comparative study of existing and new entrepreneurial cohorts in China," *Strategic Management Journal*, 37(5)(2016):911-931.

Zhang, R., Rezaee, Z., Zhu, J., "Corporate philanthropic disaster response and ownership type: Evidence from Chinese firms' response to the Sichuan earthquake," *Journal of Business Ethics*, 91(1)(2010):51-63.

Zimbardo, P. G., Boyd, J. N., "Putting time in perspective:A valid, reliable individual-differences metric," *Journal of Personality and Social Psychology*, 77(1999):1271-1288.

Zukin, S., *Dimaggio P. Structures of capital: The social organization of the economy* (New York: Cambridge University Press, 1990).

Zwetsloot, G., "From management systems to corporate social responsibility," *Journal of Business Ethics*, 44(2/3)(1957):201.

图书在版编目(CIP)数据

企业经济利益与社会责任的融合机制 / 周婷婷, 马芳, 王舒婷著. -- 北京：社会科学文献出版社，2024.1（2025.2重印）
ISBN 978-7-5228-3201-2

Ⅰ.①企… Ⅱ.①周… ②马… ③王… Ⅲ.①企业责任－社会责任－研究 Ⅳ.①F272-05

中国国家版本馆CIP数据核字（2023）第249197号

企业经济利益与社会责任的融合机制

著　　者 / 周婷婷　马　芳　王舒婷
出 版 人 / 冀祥德
责任编辑 / 史晓琳
文稿编辑 / 赵亚汝
责任印制 / 王京美

出　　版 / 社会科学文献出版社·经济与管理分社（010）59367226
　　　　　 地址：北京市北三环中路甲29号院华龙大厦　邮编：100029
　　　　　 网址：www.ssap.com.cn
发　　行 / 社会科学文献出版社（010）59367028
印　　装 / 唐山玺诚印务有限公司

规　　格 / 开　本：787mm×1092mm 1/16
　　　　　 印　张：15　字　数：175千字
版　　次 / 2024年1月第1版　2025年2月第2次印刷
书　　号 / ISBN 978-7-5228-3201-2
定　　价 / 118.00元

读者服务电话：4008918866

版权所有 翻印必究